다운시프트

다운시프트 100세 시대 행복을 부르는 마법의 주문

1판 1쇄 인쇄 2019년 1월 5일
1판 1쇄 발행 2019년 1월 15일

저자 최승우 **발행인** 서사봉
편집 이성현 **디자인** 노지혜

발행처 용오름
주소 서울시 종로구 사직로 8길 34 경희궁의아침 3단지 오피스텔 1104호
전화 (02)323-1254 **팩스** (02)325-7879 **E-mail** editor-q@hanmail.net
종이 한서지업 **인쇄·제본** 영신사

책값은 뒤표지에 있습니다.

ISBN 978-89-92820-20-2

운동 다시프트

100세 시대
행복을 부르는
마법의 주문

최승우 지음

용오름

100세 시대, 새로운 삶을 꿈꾸다

"인생은 한 권의 책과 같다. 어리석은 이는 그것을 마구 넘겨버리지만, 현명한 이는 열심히 읽는다. 왜냐하면 그들은 단 한 번밖에 그것을 읽지 못한다는 것을 알고 있기 때문이다." - 장 파울 -

내 마음의 창고에 있는 행복

사람들이 서로 묻는다. "왜 살지요?" 대답은 비슷하다. "행복해지기 위해서 살지요." "어차피 한번 사는 인생인데 행복하게 살아야지요." 너무나 당연한 대답이다. 그러나 사람들은 행복하게 살고 싶다지만 정작 행복이 무엇인지는 잘 모른다. 행복을 뜻하는 고대 그리스어 에우다이모니아eudaimonia는 좋은eu과 정신daimon의 두 단어가 합쳐진 말이다. 그러므로 행복이란 '좋은 정신' 또는 '좋은 마음'을 뜻한다. 행복은 진리를 탐구해나가는 삶 속에서 얻는 정신적 만족 상태다. 따라서 자신의 마음속에서 느끼는 주관적 만족감이라고 할 수 있다.

하지만 사람들은 자신이 행복하게 살고 싶다면서 남에게 행복해 보이기 위해서 산다. 행복은 타인과는 아무런 상관이 없고 비교의 대상도 아니다. 오로지 자신에 의해서만 평가되고 측정되는 자기 경험이기 때문이다. 이러한 행복은 내 마음의 정서 창고 안에 들어 있다. 마음의 창고 안에는 즐거움, 기쁨, 희열과 같은 긍정적 정서와 슬픔, 분노, 근심과 같은 부정적 정서가 혼재해 있다. 살아가면서 행복감을 높이려면 긍정적 정서를 늘리고 부정적 정서를 줄여야 한다. 그런데도 자신의 창고에 들어 있는 행복에 만족하지 못하고 남에게 보여주기 위한 창고로 포장한다면 불행해지기 십상이다.

돈은 행복에 과유불급

여기서 유념해야 할 것이 있다. 주관적 자기 경험으로 측정되는 행복은 돈과 같은 객관적 요소와는 직접적인 관련이 없다는 사실이다. 그럼에도 불구하고 사람들은 흔히 돈만 많으면 행복할 거라고 믿는다. 마치 인생에 돈이 전부인 것처럼 승부를 건다. 사람의 가치나 인격도 돈으로 평가된다. 더군다나 돈에는 무소불위無所不爲의 힘이 있어서 돈만 있으면 무엇이나 할 수 있다는 물신숭배와 물질 만능주의가 팽배해 있다.

미국 서던캘리포니아 대학교 리처드 이스털린Richard Easterlin 교수는 돈과 행복과의 상관관계를 연구했다. 소득이 일정 수준을 넘어서면 소득이 증가해도 행복감은 제자리걸음이라는 연구 결과를 도출했다. 이러한 현상이 바로 이스털린의 역설Easterin's paradox이다. 우리나라는 1960년대 초부터 본격적인 산업화가 추진된 이래 경제 규모가 세계 15위 내외가 될 정도로 커지고 일인당 국민소득도 수백 배로 증가해 구매력 기준으로 3만 달러를 훨씬 넘어서는 등 눈부신 고속 성장을 달성했다. 그러나 국민들의 행복지수는 전 세계에서 중하위권에 머물러 있다. 행복을 위해 돈은 필요조건이기는 하지만, 돈이 많다고 해서 충분히 행복해지는 것은 아니다. 이것이 행복이 돈에게 물은 진실에 대한 궁극적인 대답이다. 그러므로 돈으로부터 얻을 수 있는 행복은 과유불급過猶不及이다.

돈의 베일을 벗기다

그런데도 사람들은 행복보다 돈에 대해 훨씬 무지하다. "고상한 사람들에게 돈과 관련된 질문을 하면 섹스와 관련된 질문을 받았을 때와 마찬가지로 거룩한 척하며 모순과 위선이 가득한 태도로 답할 것이다."라고 말한 사상가가 있다.[1] 바로 무의식을 발견한 정신분석학의 창시자인 지그문트 프로이트Sigmund Freud다. 돈과 섹스를 터부시하면서 이에 대한 진실을 말하지 않고 위선적 태도로 일관하는 인간들의 이중적 심리를 꼬집는 말이다.

최근 들어 성에 대한 개방성이 확대되고 성교육이 보편화되면서 금기시되었던 섹스에 대한 관점은 크게 바뀌었다. 하지만 돈에 대한 인간의 태도는 예전이나 지금이나 마찬가지다. 돈 문제에 관련된 것이라면 그 무엇이나 베일에 감춰져 있다. 철저한 침묵의 대상이다. 따라서 이 책에서는 돈의 어원에 담겨 있는 속뜻과 역사적 배경으로 거슬러 올라가 돈에 감춰진 본질이 무엇인지 파헤친다. 돈을 물신처럼 숭배하는 사람들은 돈의 노예가 되어 살아가고 있다. 그러나 따지고 보면 돈은 물과 같이 흐르는 속성을 가지고 있다. 돈으로부터 자유로워지고, 돈으로부터의 장애는 치유되어야 하며, 돈에 관한 생각은 성숙되어야 한다. 이러한 과정을 통해 자신이 비로소 진정한 돈의 주인이 될 수 있다는 점을 이 책으로부터 알게 될 것이다.

서드 에이지 시대에 행복해지려면

인생의 시작과 끝에는 공통점이 있다. 인생이란 고통으로 시작해서 고통으로 끝난다는 피할 수 없는 운명이 그것이다. "살아 있는 모든 생명체는 태어나는 것부터가 괴로운 일이다"라는 플라톤Platon의 말처럼[2] 이 세상에 갓 태어나는 아이는 해맑은 미소가 아니라 고고성呱呱聲으로 생애 최초의 인간선언을 한다. 인생의 끝은 어떤가? 만물의 영장이라는 호모 사피엔스Homo Sapiens에게도 예외 없이 생자필멸의 법칙이 적용된다. 종교적인 의미에서 죽음은 새 생명의 시작일 수 있지만, 평범한 인간에게 죽음이란 두려움의 대상이고 고통임에 틀림없다.

고대 그리스 철학자 아리스토텔레스Aristoteles는 《시학詩學》에서 사람들이 살아가는 한 평생의 이야기는 시작, 중간, 끝의 3막 구조를 가진다고 했다. 운명적으로 고통으로 시작되어 고통으로 끝나는 인생길에서 중간은 행복하게 살아야 하는데 이 기간이 엄청나게 늘어났다. 고령화의 쓰나미가 몰고 온 장수 혁명 때문이다. 우리나라의 경우 산업화 직전인 1960년 평균 수명이 52세였다. 1987년에 70세를 돌파했고 지금은 80세를 훌쩍 넘긴 상태다. 산업화 이전과 비교해 30년 이상을 더 살게 된 셈이다. 이에 따라 사람의 생애 주기는 4막으로 늘어났다. 서드 에이지Third Age가 새로 출현한 것이다. 서드 에이지는 인생 100세 시대에 2차 성장기에 해당하는 50세에서 75세까지의 기간이라고 볼 수 있다. 인생을 사계절로 나누면 가을에 해당된다. 인생의 하프라인을 돌아 후반부가 시작되는 출발점이기도 하다.

인생은 마라톤이다. 마라톤의 승부는 대개 하프라인을 돌고 나서 결정된다. 일제 강점기 베를린 올림픽의 영웅으로 기억되는 손기정 선수도 마찬가지였다. 반환점을 돌고 나서부터 치열한 선두 경쟁을 시작해 결승선까지 4분의 1을 남기고 선두로 치고 나가 결국 영광스러운 월계관을 머리에 썼다. 마찬가지로 인생의 승부처도 전반부가 아니라 후반부 시작 지점에 있다. 50세를 전후로 하프라인을 돌고 나서 시작되는 인생의 후반부는 역할 중심의 삶에서 벗어나 자기실현을 통해 삶의 의미와 가치를 재발견해나가는 시기다.

삶의 기어를 1단으로 낮추어야 할 때

고속도로 위를 가속 페달을 밟으며 질주하고 있는 운전자에게는 앞창 전면에 파노라마처럼 펼쳐지는 아름다운 자연의 경관을 관조할 여유가 없다. 오로지 운전대를 잡고 앞만 보고 달려야 하니 주변의 녹음방초나 만추가경은 그야말로 주마간산走馬看山이다. 어쩌다 곁눈질로 눈앞에 빠르게 스쳐가는 경치를 언뜻 훔쳐보기도 하지만 옆 좌석에 앉은 이에게 쓴소리만 듣기 일쑤다. 차라리 고속도로를 벗어나 변속기어를 1단으로 낮추고 한적한 도로에 접어들면 대자연의 아름다움을 완상할 수 있다. 이제야 비로소 물아일체가 되어 아름다운 꽃과 지저귀는 새와 살랑이는 바람과 태양을 여유롭게 음미할 수 있게 된다.

'100세 시대 인생'의 하프라인이라고 할 수 있는 50세 이전의 전반생前半生은 출생해서 교육을 받고 결혼해서 가정을 이루고 사회인으로서 성공하기 위해 줄기차게 앞만 보고 고속도로 위를 질주해온 삶이다. 하지만 그때까지 큰 성공을 거두었다 하더라고 성공 공황에 빠질 수 있다. 성공 이후에 남아 있는 인생의 후반부를 어떻게 살아갈지에 대해서는 뚜렷한 비전이 아직 없기 때문이다. 그러나 50세 이후의 후반생後半生에는 성공이 아닌 성장을 추구해야 하며, 목표가 아닌 목적을 중심으로 살아가야 한다. 그래야 삶의 본질이 보이고 포도주처럼 익어가는 자신의 모습과 마주할 수 있다. 이것이 바로 서드 에이지 시대에 인생의 하프라인을 돌고 나면 삶의 변속기어를 하단으로 낮추어 속도를 조절하는 '다운시프트downshift'가 절실히 필요한 이유다.

새는 스스로 알을 깨고 나와야 한다

나는 국내외에서 40년 가까이 금융 산업에 종사해왔다. 또한 경제학으로 학위를 받고 학부와 대학원에서 학생들에게 경제학과 개인재무를 가르치고, 산업체의 일반인들에게 생애재무설계를 강의해왔다. 그러나 막상 부끄럽게도 나 자신이 늘 돈 문제에 얽매여 있는 것 같았다. 들판의 나비처럼 멀리 날아가는 행복을 잡으려다 허탈해지기 일쑤였다. 더 늦기 전에 나 자신에 대한 깊은 내면의 목소리를 듣고 독자들과 공명할 수 있는 행복과 돈의 진실 앞에 다가가고 싶었다. 더군다나 경제학은 거시적인 측면에서 화폐의 기능이나 통화정책은 다루지만, 돈의 본질이나 속성 그 자체에는 큰 관심을 두지 않는다. 경제성장의 지표로 삼는 국내총생산GDP은 국민들의 삶의 질이나 행복을 제대로 측정해주지 못한다. 전통적 경제학에서 행복경제학으로 눈을 돌려야 하는 이유다. 이것이 바로 이 책을 쓰게 된 동기다.

법정 스님은 "사람들은 가질 줄만 알지 비울 줄은 모른다"고 했다.[3] 그러나 가진 것이 많을수록 우리의 영혼과 육체를 무겁게 짓누른다. 비울 줄 알아야 풍요롭게 새로 채워 넣을 수 있다. 비우기 위해서는 돈의 본질과 속성을 알아야 한다. 자신이 돈의 주인이 되어야 행복해질 수 있다. 서드 에이지 시대에 돈과 행복의 진실을 파헤쳐야 하는 이유가 이 책 속에 담겨져 있다.

서점에 가보면 크게 두 가지 부류의 책을 만날 수 있다. 하나는 자기계발서이고 다른 하나는 인문학 책이다. 금융 관련 자기계발서에 담긴 메시지는 "내가 이렇게 해서 투자에 성공했으니 독자들도 그렇게 해보라"는 식이다. 반면에 인문학 서적은 직접적으로 무엇을 하라고 지시하지 않지만, "생각할 거리를 이렇게 던져주니 독자 스스로 느껴보라"는 것이 핵심이다. 이러한 관점에서 이 책은 금융 관련 자기계발서와는 다르다. 그렇다고 해서 철학이나 문학 서적처럼 완전한 인문학 책도 아니다. 그러므로 이 책은 투자는 이렇게 하라는 지시형 메시지는 담고 있지 않다. 그 대신 인생 100세 시대에 '준비된 벼룩'들이 알아야 할 돈과 행복의 진실을 파헤치고, 독자들로 하여금 자신을 돌아보면서 풍요로운 후반생을 준비하도록 돕는다.

계몽주의 시대 영국의 자연법 사상가 존 로크John Locke는 "책은 다만 지식의 재료를 던져줄 뿐 그것을 자기 것으로 만들기 위해서는 자신만의 사색의 힘이 필요하다"라고 했다. 따라서 이 책에서 무엇을what 할 것인가를 찾는 것보다는 이 책에 담겨져 있는 소재를 통해 자신이 어떻게how 느끼는가가 핵심이다. 헤르만 헤세Hermann Hesse의 말처럼 새는 스스로 알을 깨고 나와야 푸른 하늘을 향해 날아갈 수 있다. 인생 100세 시대에 서드 에이지를 살아가는 독자들에게 삶에 대한 깊은 통찰력과 스스로 느끼고 사색할 수 있는 힘을 길러줌으로써 돈과 행복의 진실을 재발견해나가는 데 이 책이 작지만 든든한 동반자가 되길 소망한다.

2018년 12월

최승우

차례

프롤로그_ 100세 시대, 새로운 삶을 꿈꾸다 • 4

제1장 | 서드 에이지, 새로운 여정의 시작

1. 서드 에이지의 출현 • 21

2. 축복인가, 재앙인가 • 28

3. 인생 마라톤에 하프라인 골은 없다 • 33

4. 당신의 인생 시계는 몇 시인가 • 38

5. 늙어가지 말고 포도주처럼 익어가자 • 43

제2장 | 돈의 본질

1. 머니 속에 숨겨진 진실 • 51

2. 돈의 속성 • 56

3. 경제학이 가르쳐주지 않는 돈의 본질 • 61

4. 돈, 좌뇌로 판단하고 우뇌로 느껴라 • 66

5. 돈으로 살 수 있는 것과 살 수 없는 것들 • 72

6. 돈은 물같이 흐르는 것이다 • 77

제3장 | 내가 돈의 진정한 주인이다

1. 돈의 신용과 인격의 거울 • 85

2. 돈의 주인이 되려면 돈의 중심이 되라 • 91

3. 돈과 친구가 되기 위한 요건 • 97

4. 돈으로부터의 자유 • 104

5. '돈 장애' 함정의 탈출 • 110

6. '알로하': 돈에 관한 최고 성숙의 단계 • 116

7. '화폐 환상'에 휘둘리지 않을 용기 • 122

제4장 | 4050, 성장하는 삶으로의 전환점

1. 아파도 말 못하는 4050 • 133

2. 신기루 같은 돈의 허상 • 139

3. 목표 중심의 성공을 넘어 목적 중심의 성장으로 • 145

4. 성장은 행복한 관계로부터 시작된다 • 151

5. 나를 넘어 나를 이기다 • 157

제5장 | 다운시프트

1. 삶의 기어를 1단으로 낮추다 • 165

2. 가치의 프레임을 바꿔라 • 171

3. 나의 중심을 늘 들여다보다 • 176

4. 니체의 제안, "아이의 정신으로 살라" • 182

5. 나와 자기중심성의 함정 • 188

제6장 | 행복한 삶의 조건

1. 플라톤과 아리스토텔레스의 행복론 • 197

2. 〈모나리자〉의 17퍼센트 불행한 미소 • 203

3. 이스털린의 역설 • 209

4. 행복이란 불행하지 않은 상태가 아니다 • 214

5. 행복은 강도보다 빈도다 • 220

6. 삶은 길이보다 밀도다 • 226

제7장 | 다시 생각하는 행복경제학

1. 호모 이코노미쿠스 경제학의 한계 • 235

2. 행복경제학으로의 전환 • 241

3. 행복한 벼룩이 되라 • 248

4. 베풂은 행복으로 돌아온다 • 254

5. 어떤 사람으로 기억되고 싶은가 • 260

6. 아직 내 인생 최고의 날은 오지 않았다 • 266

에필로그 • 272

주석 • 276

제1장

서드 에이지,
새로운 여정의 시작

1. 서드 에이지의 출현

"시간 자체가 짧게 느껴지기 시작하는 나이, 그때가 바로 오십이다."

– 에리카 종 –

내 서재에 꽂혀 있는 오래된 책 중에서 '서드' 하면 제일 먼저 눈에 띄는 베스트셀러가 한 권 있다. 바로 1981년 국내에 번역되어 소개된 앨빈 토플러Alvin Tofler의 《제3의 물결Third Wave》이라는 책이다. 20세기 저명한 미래학자의 역작인 《제3의 물결》은 지식을 기반으로 한 정보화 시대의 도래를 예언한 책으로 1980년대를 통틀어 대학생, 지식인이라면 누구나 읽어야 할 필독서였다.

그로부터 약 10년 뒤 영국에서 '서드 에이지'라는 다소 생소한 용어의 부제가 달린 책이 등장했다. 바로 역사학자 피터 래슬릿Peter Laslett이 쓴 《인생의 새로운 지도: 서드 에이지의 출현》이라는 책이다. 마침 당시 나는 영국에서 경제학을 공부하고 있었다. 내가 다니던 대학의 구내서점이나 런던 시내의 어느 서점에서 이 책과 마주쳤을지도 모르지만 이러한 주제의 책은 나에게 특별한 관심을 끌지 못했다. 전공 분야가 다르고, 늦깎이 유학생이었지만 인생이라는 지도를 심각하게 고민하기에는 아직 이른 30대 중후반의 젊은 나이였기 때문이었을 것이다.

흥미롭게도 두 책에 똑같이 '서드'라는 용어가 사용되고 있지만 하나는 미래학자가, 다른 하나는 역사학자가 펴낸 책이다. 토플러는 미래에 다가올 제3의 물결을 예견한 반면, 래슬릿은 역사적 관점에서 과거와는 다른 생애 주기인 제3의 인생, 즉 서드 에이지라는 새로운 삶을 상정한 것이다.

영국에서 서드 에이지라는 말이 본격적으로 등장한 것은 산업화가 고도로 성숙되고 사람들의 평균 수명이 길어지면서부터라고 할 수 있다. 인생을 연극에 비유한 세계의 대문호 셰익스피어는 일생 동안 희곡과 시집, 소네트 등 수많은 걸작을 남겼지만 52살까지밖에 살지 못했다. 그의 삶을 단순히 펼쳐보면 출생, 성장, 사망의 인생 3막이 전부였다. 17세기 경 40세 전후였던 영국인들의 평균 수명에 비해 셰익스피어는 그나마 장수한 편이다. 미국의 남북전쟁을 승리로 이끈 에이브러햄 링컨 대통령 시대에 사람들의 평균 수명은 38세 정도에 불과했다. 그래서 링컨은 "남자 나이 사십이 넘으면 자기 자신의 얼굴에 책임지라"고 했는지도 모른다. 인생을 누릴 만큼 누렸으니까. 그러나 이 정도 수명으로는 인간이 서드 에이지 기간을 거칠 겨를도 없이 3막으로 생을 마감하게 된다. 래슬릿이 자신의 저서에 서드 에이지라는 말을 쓴 것도 영국인의 평균 수명이 75세 이상으로 늘어난 이후다.

우리나라에서 서드 에이지라는 말이 본격적으로 주목을 받기 시작한 것은 고령화 현상이 급진전되기 시작한 2000년대 이후다. 우리나라의 산업화가 본격적으로 추진되기 직전인 1960년에 한국인의 평균 수명은 셰익스피어가 사망한 나이와 같은 52세였다. 그 이후 우리나라 인구의 평균 수명은 급속도로 늘어났다. 1987년에 70세를 넘어섰고 2012년에는 80세를 돌파했다. 더군다나 우리나라의 고령화 속도는 OECD 국가 중 가장 빠르다고 한다.[4] 고령화 현상이 쓰나미처럼 밀려오면서 장수 혁명이 급속도로 진행되고 있는 것이다. 결과적으로 산업화 이후의 세대들은 그 이전 세대와 비교해 평균적으로 30년이나 더 긴 수명을 누리게 되었다.

여기에다 우리나라에서 100세가 넘은 고령자 수는 2017년 기준으로 4,000명에 육박하고 매년 10퍼센트씩 증가하고 있어 본격적인 인생 100세 시대가 열리고 있다. 100세까지 살게 되면 50세의 나이는 정확하게 인생의 전반부에서 후반부로 넘어가는 전환점이다. 인생 절반의 새로운 여정이 시작되는 분기점인 셈이다. 이 나이가 되면 글의 서두에서 미국의 소설가 에리카 종Erica Jong이 말한 것처럼 시간의 흐름 자체가 실감날 정도로 짧게 느껴지기 시작한다.

인생 100세 시대의 생애 주기는 다음과 같이 4단계로 나누어 볼 수 있다.[5] 퍼스트 에이지First Age는 출생 후 성장해가면서 교육을 통해 사회화되어가는 '배움'의 단계다. 10대에서 20대 중반까지가 이 나이 대에 해당된다. 세컨드 에이지Second Age는 취업을 하고 가족을 형성해 독립적인 사회인으로서 경제활동을 왕성하게 펼쳐나가는 '행동'의 단계다. 30대에서 40대 후반까지가 여기에 해당된다. 서드 에이지Third Age는 인생의 하프라인을 돌고 나서 2차 성장과 자기실현을 통해 삶의 의미와 가치를 찾아나가는 '발견'의 단계다. 50대 이후 70대 중반까지가 이에 해당된다. 마지막으로 포스 에이지 Fourth Age는 본격적인 노후 생활을 영위하는 시기로 타인에게 기억될 자신의 모습을 그리면서 일생을 아름답게 정리하고 노화와 죽음을 겸허하게 받아들이는 '수용'의 단계다.

사람들은 50세를 전후로 인생의 전반부에서 후반부로 넘어가는 전환기를 거치게 된다. 인생의 하프라인을 돌고 나서 본격적으로 서드 에이지에 진입하는 것이다. 여기서 기업의 생장곡선을 나타내는 S자 모양의 시그모이드Sigmoid 곡선이 사람들의 생애 주기에도 적용될 수 있다.[6] 두 개의 곡선을 포개어 그린 [그림 1-1]은 사람의 생애 주기에 따른 삶의 가치곡선의 변화를 나타낸다.

| [그림 1-1] 생애 주기와 가치 곡선의 변화

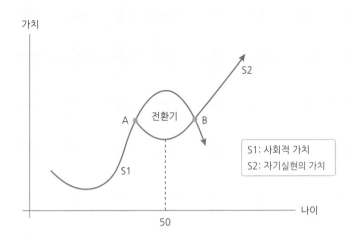

S1 곡선은 퍼스트 에이지와 세컨드 에이지의 인생 전반부를, S2 곡선은 서드 에이지와 포스 에이지의 인생 후반부를 각각 나타낸다. 두 곡선으로 포개져 있는 부분이 인생의 전반부에서 후반부로 넘어가는 전환기에 해당된다. 인생 100세 시대에 50세는 인생의 하프라인 격이다. 점 A와 B 사이에서 한 개인의 사회적 가치는 하락하고, 자기실현의 가치는 상승하기 시작하는 변곡점이 생긴다. 여기서 사회적 가치란 직장에서의 승진, 인적 네트워크 확대, 사회적 지위 향상 등을 일컫는다. 사회적 가치의 변화는 사람마다 차이가 있으나 직장에서의 명예퇴직, 자발적 경력 전환 등으로 50세 전후부터 하락하기 시작한다. 하프라인을 돌아 서드 에이지에 진입하

고 나면 후반부 인생이 시작된다. 서드 에이지는 2차 성장을 통해 삶의 의미를 재발견하고 자기실현의 가치가 상승하는 시기다. 여기서 자기실현이란 숨어 있는 자아의 잠재력을 발견해 전체 인격으로서 자기의 모습을 완성해나가는 것을 의미한다. 예를 들면 첫 직장 퇴직 후 전문 강사, 여행 해설가, 큐레이터, 작가, 사회봉사자 등으로 새로운 삶을 추구하며 성장해나가는 것이다.

우리나라 사람들의 평균 수명이 52세에 불과했던 1960년 이전에는 인생 전체의 생애 주기가 S1 곡선 하나만 있으면 충분했다. 그러나 고령화의 쓰나미가 밀려오면서 S2 곡선을 새로 그려 넣어야 길어진 생애 주기를 제대로 반영할 수 있게 되었다. 장수 혁명으로 서드 에이지 시대가 도래했기 때문이다. 사람들은 하프라인을 돌아 서드 에이지에 진입하고 나서 S1 곡선을 따라 그대로 추락하느냐, 아니면 상향하는 S2 곡선을 따라 새롭게 성장해나갈 것이냐에 대한 선택의 기로에 서게 된다.

이제 당신은 어떤 길을 걸어갈 것인가의 물음에 진지하게 대답해야 한다. 퓰리처상을 네 번이나 수상한 미국의 계관시인 로버트 프로스트Robert Frost의 시 〈가지 않은 길〉에서처럼 훗날 후회하지 않고 나의 모든 것을 바꾸어놓을, 사람이 적게 간 길을 택해야 할 것이다.[7]

"훗날에 훗날에 나는 어디선가

한숨을 쉬며 이야기할 것입니다.

숲 속에 두 갈래 길이 있었다고,

나는 사람이 적게 간 길을 택하였다고,

그리고 그것 때문에 모든 것이 달라졌다고."

2. 축복인가, 재앙인가

"인생을 진실하게 그리고 전체로서 보아라."
– 에피쿠로스 –

우리나라 인구의 평균 수명이 60세를 가까스로 넘긴 1970년대 이전만하더라도 3막 인생이 전부였다. 그러다 2000년대 이후 고령화 현상이 급진전되면서 서드 에이지가 생애 주기에 추가되었다. 서드 에이지의 출현은 인생 100세 시대를 살아가는 사람들에게 과연 축복일까 저주일까?

몇 년 전 KDI 국제정책대학원에서 특강을 한 적이 있었다. 석사 과정인 '연금과 개인재무Pension and Personal Finance' 과목을 수강하는 학생들에게 개인재무의 이론과 실제를 영어로 소개하는 강의였다. 이 대학원에는 동남아, 중미, 동유럽, 아프리카 등의 개발도상국가로부터 온 유학생들이 여러 명 있었다. 개인재무와 관련된 환경적 요인을 짚어보며 고령화와 장수 위험longevity risk에 대해 설명하고 있는데 한 학생이 질문을 했다. "오래 사는 것이 왜 위험한가요?"라는 질문이었다. 나는 학생에게 되물었다. "어느 나라에서 온 학생인가요? 혹시 그 나라 사람들의 평균 수명은 얼마나 되나요?"

그는 나이지리아에서 유학 온 학생이라면서 나이지리아 국민의 평균 수명은 52세 정도라고 했다. 우리나라 산업화 직전인 1960년의 평균 수명과 비슷했다. 그 학생은 한국 사람들의 평균 수명이 80세가 넘었다는 사실에 놀라워하면서도 장수를 누리는 한국인들이 부럽다고 했다. 나는 장수란 준비된 사람들에게는 누구에게나 부러운 축복이지만, 그렇지 않은 사람들에게는 위험한 저주라고 대답했다. 평균 수명이 짧았을 때는 노후 자금 부족, 늘 달고 사는 중병 질환, 외로운 독거 생활 등과 같은 장수 위험에 노출되기 이전에 사망했다. 그러나 고령화 시대에는 노후가 제대로 준비되어 있지 않았을 때 장수 위험 속에서 저주스러운 삶을 살아갈 수밖에 없다. 장수가 축복이 되기 위해서는 이에 따른 위험에 대한 철저한 준비가 필요하다.

흔히 노후 생활을 위한 준비로 돈만 충분하면 그만이라고 생각하는 사람이 많다. 그러나 재무적 준비와 함께 비재무적 측면을 소홀히 해서는 안 된다. 이 책의 뒤에서 자세히 다루겠지만 돈은 행복을 위한 충분조건이 아니라 필요조건에 불과하다. 일인당 국민소득이 3,000달러가 안 되는 나이지리아 사람들에게는 돈이 행복을 위한 충분조건이 될 수 있지만 구매력 기준으로 3만 달러를 훌쩍 넘긴 한국인들에게는 그렇지 않다. 그렇다고 돈이 중요하지 않다는 것은 아니다. 돈에 지나치게 집착해서는 안 된다는 말이다. 서드 에이지에 진입해 후반부 인생을 살아갈 때 돈 문제에 갇혀 있다 보면 진짜 바라보아야 할 삶의 본질이나 인생의 가치를 볼 수 없다. 지위와 명예 같은 전통적 성공의 잣대를 버리고, 그 대신 나의 잠재 능력을 발휘할 새로운 일거리를 찾고, 젊음의 활력을 유지하며, 가족, 친구, 공동체 등과 같은 비재무적 자산을 많이 축적해야 한다. 재무적 요소와 비재무적 요소가 균형을 이룰 때 비로소 장수 시대를 위험이 아닌 기회로, 저주가 아닌 축복으로 살아갈 수 있다.

한편 인생을 변화와 성장의 과정으로 설명하기 위해 사람의 한 평생을 사계절로 구분한 심리학자가 있다. 미국 예일대의 대니얼 레빈슨Daniel Levinson 교수다. 그는 한 해의 사계절이 주기적으로 변하는 것처럼 성인의 발달 과정도 안정기와 전환기가 교차되면서 구조적 변화를 수반한다고 주장했다. 그의 이론에 따르면 사람의 일생은 춘하추동春夏秋冬의 사계절로 구분된다. 성인 이전기, 성인 초기, 중년기, 성인 후기가 그것이다.[8] 레빈슨 교수의 인생 주기로 볼 때 중년기는 일생의 가을이다. 100세 시대를 살아가는 사람들의 서드 에이지에 해당되는 기간이다.

여기서 앞의 [그림 1-1]로 돌아가 세 가지 경우를 생각해보자. 서드 에이지에 진입하고 나서 후반부 인생의 가치는 S2 곡선을 어떻게 그려 나가느냐에 따라 좌우된다. 첫 번째는 후반부 S2 곡선이 전반부 S1 곡선을 치고 올라가 인생의 후반부에 가치가 확대생산되고 자기실현을 통해 성장해가는 경우다. 장수 위험이 효과적으로 관리되고 노후 생활이 풍요로운 축복의 삶이다. 두 번째는 후반부 S2 곡선이 전반부 S1 곡선을 뚫고 올라가지 못하고 횡보하는 경우다. 인생 전반부의 삶의 패턴을 답습하면서 후반기에 2차 성장을 하지 못한 경우다. 장수 위험에 크게 노출될 일은 없지만 새로운 창조가 없다. 세 번째는 서드 에이지에 대한 별다른 준비 없이 소극적으로 살아가는 경우로 점 A와 B 사이의 전환기를 지나면서 후반부 커브를 제대로 그리지 못하고 추락하고 만다. 장수 위험에 아무런 대비책이 없어 불안정한 노후 생활을 살아갈 수밖에 없는 저주의 삶이다.

인생살이에는 변화와 성장을 위한 고통이 뒤따른다. 예를 들어 50대 서드 에이지로의 전환기에는 사회적 역할의 점진적 축소, 자녀들의 독립에 따른 공허감, 부부 갈등, 부모의 죽음 등으로 위기에 빠질 수 있다. 그러므로 서드 에이지에는 나머지 인생을 잘 살아가도록 자아 정체성 확립을 위한 노력이 필요하다. 장수 혁명으로 우리에게 보너스로 주어진 서드 에이지에는 직함이나 사회적 지위와 같은 외적 가치에서 벗어나 즐거운 취미, 나만의 경험, 다져진 인간관계, 타인에 대한 배려 등과 같은 내적 자산을 충실히 쌓아나가야 한다. 그리고 풍요롭고 가치 있는 삶은, 인생의 전반부가 아니라 서드 에이지로 시작되는 후반부의 삶을 어떻게 그려나가느냐에 따라 결정된다는 점을 유념해야 한다.

3. 인생 마라톤에
하프라인 골은 없다

"마라톤은 철저하게 나 자신과 싸우며 목표를 향해 달려가는
고독한 경기다." – 프랭크 쇼터 –

맨체스터 유나이티드는 영국 프리미어 리그의 최다 우승팀으로
서 영국 프로축구의 명가다. 맨유에서 2004년부터 13시즌 동안 최
고의 공격수로 활약한 웨인 루니Wayne Rooney는 2017년 고향 팀인 에
버턴으로 돌아갔다. 그는 이적하자마자 3개월 후 웨스트햄 유나이
티드와의 원정 경기에서 엄청난 플레이를 펼쳤다. 상대편 골문 앞
에서 골키퍼가 차낸 골을 하프라인 앞에서 대포 같은 총알 슛을 날
려 그대로 골 망을 흔들었다. 축구장의 터치라인이 100미터 정도
이니까 무려 50미터 이상의 거리에서 환상적인 슛을 성공시킨 것
이다. 이날 루니는 하프라인 골을 포함해 해트트릭을 기록하는 수
훈을 세웠다.

소감을 묻는 인터뷰에서 루니는 "내 축구 인생에서 지금까지 득점한 골 중 최고였다"라고 감격스럽게 대답했다. 인생에서도 축구 경기에서처럼 루니가 터트린 하프라인 골을 맛볼 수 있을까? 인생은 축구 경기가 아니라서 불가능하다. 인생은 마라톤이다. 11명이 한 팀이 되어 경기하는 축구와 달리 마라톤은 42.195킬로미터 내내 오로지 홀로 자신과 싸우는 외롭고 치열한 극기의 스포츠다.

일제 강점기인 1936년 베를린 올림픽대회에서 마라톤을 제패한 손기정 선수의 투혼과 애국심은 지금도 한국인의 가슴속에 벅찬 감동으로 전해진다. 그해 8월 9일 오후 3시 출발 총소리와 함께 56명의 전 세계 건각들이 베를린 올림픽 스타디움의 출발선을 치고 나갔다. 손기정 선수는 스타트가 좀 늦어서 처음에는 22번째로 달리기 시작했다. 반환점을 돌고 비스마르크 언덕 오르막에서 영국의 하퍼 선수와 치열한 각축전을 벌이다가 31킬로미터 지점에서부터 선두로 나서기 시작했다. 운동화가 작아서 발에 통증을 느끼면서도 남은 레이스를 끝까지 지켜 마침내 1위로 결승선을 통과했다. 시상대에 오른 손기정 선수의 표정은 우승의 감격은 온데간데없고 울적하고 의기소침한 모습이었다. 그러고는 나라를 빼앗긴 회한과 슬픔에 잠겨 머리 위의 월계수관으로 가슴 앞의 굴욕적인 일장기를 가리고 금메달을 받았다.

인생의 여정과 마라톤 코스를 비교해보자. 인생 100세 시대에 서드 에이지에 해당하는 나이는 50세부터 75세까지다. 서드 에이지는 마라톤으로 치면 반환점(50퍼센트)으로부터 31킬로미터 지점(75퍼센트)까지의 구간에 해당한다. 흥미롭게도 마라톤의 이 구간은 서드 에이지의 구간과 꼭 일치한다. 손기정 선수는 반환점을 돌고 나서 75퍼센트인 31킬로미터 지점 사이에서 승부수를 던졌다. 그 지점에서 선두로 치고 나간 후 나머지 구간을 꾸준히 자신의 페이스로 달려 1위로 결승선을 통과했다.

그러면 손기정 선수는 무엇을 목표로, 또 무슨 목적으로 그 힘든 마라톤을 뛰었을까? 목표와 목적은 비슷한 말인 것 같지만 그 의미가 확연히 다르다. 경제 이론으로 목적과 목표의 개념을 좀 더 명확하게 구분해보자. 미국 콜롬비아 대학교의 경제학 교수 프레더릭 미슈킨Frederic Mishkin은 우주 탐사선 그림을 가지고 통화정책을 설명한다.[9] 그는 중앙은행이 수립하는 통화정책의 운용 체계를 목적과 목표로 구분한다. 목적이란 통화정책이 궁극적으로 지향하는 최종 행선지다. 바로 물가 안정과 경제성장이다. 우주선이 달에 착륙하는 것에 해당된다. 반면에 목표는 목적을 달성하기 위해 그 사이에 놓은 징검다리다. 우주 탐사선 발사에 비유하자면 우주 정거장에 해당한다. 예를 들어 통화정책은 최종 목적을 달성하기 위해 두 가지 목표를 둔다. 먼저 본원통화monetary base를 얼마나 찍어내야 할지, 기준금리는 얼마로 해야 할지 등의 운용 목표를 설정한다. 그다음으로 시중에 유통되는 통화량의 수준이나 예금과 대출의 장단기 금리를 얼마로 유지해야 할지 등의 중간 목표를 설정한다.

따라서 목표란 목적을 달성하기 위해 구체적으로 '무엇what'을 하느냐의 문제다. 반면에 목적은 궁극적으로 달성되어야 할 지향점으로서 '왜why'의 문제다. 즉 무엇을 얼마나 해야 하는지가 목표라면, 왜 그것을 해야 하는지 그 의미를 부여해주는 것이 목적이다.

손기정 선수의 목표는 풀코스 완주와 신기록을 수립하는 것이었다. 그는 2시간 29분 19초로 세계 신기록을 세우고 자신의 목표를 달성했다. 그러나 손기정 선수의 목적은 기록 그 자체에 있지 않았다. 그가 마라톤을 뛴 궁극적인 목적은 조선인으로서의 자긍심, 빼앗긴 조국의 독립, 애국심 고취와 같이 더 높은 이상과 더 고귀한 가치에 있었을 것이다.

마라톤 경기를 완주하려면 자신의 체력과 운동 능력에 맞는 속도 조절과 에너지의 배분에 각별히 유의해야 한다. 자신을 과신하고 의욕을 앞세워 처음부터 속도를 올려 오버페이스를 하면 초반에 체력을 소진하고 실패하기 일쑤다. 반환점도 돌기 전에 에너지를 다 써버리고 중간에서 낙오할 게 뻔하다. 손기정 선수가 금메달의 발판을 마련한 것은 반환점에서부터 75퍼센트 지점인 31킬로미터까지였다.

　마찬가지로 삶의 여정에서 50세를 전후해 하프라인을 돌고 난 후 서드 에이지 기간은 인생의 성패를 결정하는 승부처가 된다. 따라서 인생에는 축구 경기에서와 같은 하프라인 골은 없다. 인생이란 내가 무엇을 얼마나 해야 할지 목표를 정해놓고 왜 그 목적을 달성해야 하는지 그 의미를 끊임없이 스스로에게 자문하며 100세까지 묵묵히 달려야 하는 마라톤이기 때문이다. 서드 에이지 이전 50세까지는 성공을 위한 목표가 중심이 되지만, 그 이후 인생의 후반부에는 성장을 위한 목적이 중심이 된다.

4. 당신의 인생 시계는
몇 시인가

> "인생 그 자체, 인생의 현상, 인생이 가져다주는 선물은
> 숨이 막히도록 진지하다." - 보리스 파스테르나크 -

내가 서드 에이지에 보다 많은 관심을 두게 된 것은 그리 오래전 일이 아니다. 지금으로부터 몇 년 전 S대학 노인복지학과로부터 생애재무설계를 주제로 특강 요청을 받았을 때다. 노인복지학과 학생들에게 강의를 하자니 나의 전공 분야가 아니고 이 방면에 직접적인 실무 경험도 없어서 금융노년학financial gerontology의 기초 개념 정도는 미리 알고 가는 게 좋을 것 같았다. 노후설계를 주로 재무적 측면에서 바라보며 강의를 해오던 터라 덕분에 비재무적 요소와 이에 관련된 새로운 접근 방법을 제대로 익히게 되었다.

강의가 시작되기 전에 수강생들에게 시곗바늘이 없는 [그림 1-2]와 같은 빈 시계판을 보여주고, 그 위에 학생들 자신이 현재 체

[그림 1-2] 인생의 시계판

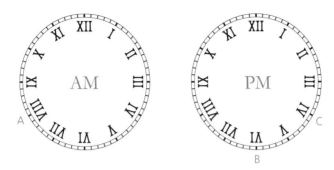

감하고 있는 인생이 몇 시에 해당되는지 그려보라고 주문했다. 인생 100세 시대를 가정하면 오전 6시는 25세, 정오는 50세, 오후 6시는 75세, 자정은 100세에 해당된다.

위 시계판을 생애 주기별로 4등분해보자. 왼쪽의 오전 시계에서 자정(XII)~오전 6시(VI) 사이는 출생에서 25세까지의 퍼스트 에이지, 오전 6시(VI)~정오(XII) 사이는 50세까지의 세컨드 에이지를 나타낸다. 오른쪽의 오후 시계에서 정오(XII)~오후 6시(VI)사이는 75세까지의 서드 에이지, 오후 6시(VI)~자정(XII)은 노년기로 사망할 때까지의 포스 에이지에 해당된다.

그날 특강을 듣는 수강생들은 사이버대학에 재학 중인 학생들이라 연령대가 다양했다. 노인복지, 노인상담, 실버산업 등에 관심이 있고 이 분야에서 학위와 자격증을 따고 미래의 전문 직업에 도전하는 학생들이 많았다. 우선 세 명의 학생을 대표로 선정했다.

30대 초반의 직장인(A학생), 중소기업 임원 출신인 50대 초반의 퇴직자(B학생), 60대 후반으로 무역 오퍼상을 하는 자영업자(C학생)가 그들이다.

먼저 30대 초반의 직장인 수강생은 오전 8시(A)를 골랐다. 100세 시대 인생 주기에 맞는 시간 선택이다. 이 학생은 오전 6시에 기상해 한참 열심히 일하고 있을 나이다. 그러나 4시간 뒤 정오가 되면 50세가 되어 첫 직장에서 퇴직한다. 인생의 하프라인을 넘어 새로운 경력 관리로 후반부 인생을 살아가게 된다. 이 수강생은 젊은 나이에 맞게 자신이 걸어 가야할 인생의 로드맵을 잘 그려나가고 있는 편이었다.

반면 중소기업 임원 출신으로 50대 초반인 수강생은 오후 6시(B)를 골랐다. 이 사람의 실제 나이는 정오가 조금 지난 이른 오후 시간에 해당된다. 다른 사람들이 점심을 먹고 나서 오후 일을 시작할 때쯤 벌써 조퇴를 서두르고 있는 셈이다. 그러나 이 사람이 체감하고 있는 인생 시간인 오후 6시는 75세에 해당되어 본격적인 노후 생활이 시작되는 시기다. 이 수강생은 서드 에이지를 거치지 않고 곧바로 마지막 노후 생활 단계로 넘어가는 인생 지도를 그리고 있는 것이다. 별다른 대책이 없으면 추락하는 후반부 인생을 살아갈 가능성이 높다.

한편 60대 후반으로 무역 오퍼상을 하며 주경야독 하고 있는 수강생은 오후 4시(C)를 골랐다. 그는 1970년대 중반에 대학을 졸업한 후 종합무역상사에 입사해 해외지사에 근무했다. 인생의 후반부를 준비하기 위해 50세가 되기 전에 퇴직했다. 그리고 곧 전자부품 무역 중계를 하는 작은 회사를 차렸다. 해외지사에 근무했던 시절의 바이어들과 지속적인 네트워크를 꾸준히 유지해온 덕택에 사업도 제법 잘 되어갔다. 지금은 친구들과 골프 라운딩도 하고 가족과 해외여행을 즐기는 여유도 있다고 한다. 몇 년 후 오후 6시인 75세가 되면 일에서 은퇴해 노인복지 분야에서 상담과 봉사활동을 하며 마지막 노후 생활을 보람되게 보낼 생각이다. 이 수강생은 서드 에이지에 진입해 인생 후반부를 이상적으로 잘 살아가고 있는 것이다.

세 수강생의 예에서 30대와 60대 수강생의 인생 시계는 정상적으로 돌아가고 있었지만, 50대 수강생은 시곗바늘이 너무 빨리 돌아갔다. 왜 그럴까? 50대 수강생에게는 서드 에이지 구간이 인생 로드맵에서 빠져 있었던 것이다. 중소기업에 다니는 동안엔 임원이라는 안전벨트에 의지하고 안락한 노후로 연착륙하면 전부일 줄 알았다. 인생의 하프라인을 돌아 의미 있는 후반부 삶을 향해 이륙하려는 노력이 결여되어 있었다.

장수 혁명으로 우리 일생에 보너스처럼 주어진 서드 에이지의 기간은 인생의 후반부를 재창조해나가는 황금기다. 서드 에이지는 인생의 파도를 피해 안전하게 정박하는 기항지가 아니라, 창조적 의지와 열정으로 인생 후반기의 미래를 향해 배를 띄우는 출항지라고 할 수 있다. 자신이 체감하는 인생 시계의 시간을 오후 6시로 그려 넣은 50대 초반의 수강생은 인생의 전반부를 치열하게 달려오느라 미래를 바라다보는 자기 성찰이 부족했을지 모른다. 그러나 아직 50대 초반으로 서드 에이지에 들어선 지 얼마 안 되었으므로 후반부 인생의 로드맵을 그려나가기에 그리 늦지는 않았다.

당신의 인생 시계는 지금 몇 시를 가리키고 있는가? 지금 살아가면서 체감하는 시곗바늘이 자신의 실제 나이보다 빠르지 않은지 확인해보기 바란다. 앞의 예에서 50대 학생처럼 체감하는 나이가 실제 나이를 앞서가면 후반부 인생을 준비하기도 전에 일찍 늙어버린다. 적어도 정오가 되기 전까지 서드 에이지를 준비해나가기 시작해야만 풍요로운 인생 후반부를 살아갈 수 있다.

5. 늙어가지 말고
포도주처럼 익어가자

> "친구와 포도주는 오래될수록 향이 깊다."
>
> – 명언집 –

대학원에 개설된 은퇴설계 강의나 산업체에서 하는 노후설계 강의는 진도를 본격적으로 나가기 전에 수강생 각자가 은퇴의 의미를 먼저 생각해보는 것으로 시작한다. 나는 학생이나 수강생들에게 "은퇴란 무엇이지요? 은퇴가 여러분의 삶 속에서 어떠한 의미를 갖나요?" 등과 같은 개방형 질문들을 던진다. 여러 가지 답변들이 나온다. 일로부터 해방되는 시기, 새로운 인생의 출발점, 인생 2모작 등 낙관적인 대답으로부터 경제활동의 끝, 사회로부터 소외, 죽음과의 직면 등 비관적인 반응까지 다양하다.

사람마다 은퇴 이후 나이를 먹어가는 의미에 대해 여러 가지로 다른 느낌과 해석이 있을 것이다. 20세기 초 영국의 시인이며 극작가인 스티븐 필립스Stephen Phillips는 사람이 늙어가는 의미를 다음과 같이 멋지게 표현했다. 내가 은퇴 관련 강의를 할 때마다 빼놓지 않고 학생이나 수강생들에게 반드시 소개하는 명언이다.

"사람은 늙어가는 것이 아니라 좋은 와인처럼 익어가는 것이다
(A man is not getting old, but mellow, like good wine)."

대학원 금융·보험 MBA 과정에서 은퇴설계 과목을 수강하는 50대 초반의 늦깎이 학생이 있었다. 국내 대형 보험회사에서 근무하는 20년 경력의 베테랑 종합 금융 상담사였다. 한때는 잘나가는 중소기업 사장의 '사모님'으로서 남부럽지 않은 생활을 했다. 그러나 IMF 사태 직후 남편의 회사가 파산하면서 어려움이 시작되었다. 그때부터 보험회사 대리점을 개설해 가족들의 생계 유지를 책임질 뿐만 아니라 남편의 사업 실패로 떠안은 빚도 청산하며 다시 일어섰다. 회사에서 10년 이상 연속으로 고객 만족 대상을 수상할 정도로 우수한 영업통으로 인정받고 나름대로 금융 전문가로 성공했다. 항상 긍정적인 마인드를 가지고 끈기와 인내로 일구어낸 성과였다.

그러나 그 학생은 50평생 넘게 온갖 시련을 겪으며 살아왔지만 나이가 들어가는 의미를 진지하게 생각할 겨를이 없었다. 비가 오

나 눈이 오나 넘어지면 일어서고 숨 돌릴 틈 없이 앞만 보고 줄기차게 달리기만 했기 때문이다. 인생 100세 시대에 하프라인을 돌고 나니 삶의 본질과 가치가 무엇인지 막연해서 정신적인 공허감과 무력감을 느끼고 있을 때 내 강의를 통해서 필립스 시인의 명언을 알게 되었다고 했다. 이 학생은 "아 그렇다! 인생은 짧고 예술은 길다고 했지만, 사람은 생로병사라는 단순한 생명의 순환 법칙에 따라 늙어가는 것이 아니다. 나이는 먹어가지만 숫자에 불과하다. 흘러가는 세월을 어쩔 수 없지만 나이가 들어갈수록 포도주가 익어가듯 성숙되어야 한다"라고 소감을 말했다. 영국의 한 시인이 남긴 어쩌면 평범하고 짧은 문장이 이렇게 큰 감동과 에너지를 주는지 모르겠다고 덧붙였다.

그러나 이 학생은 대학원을 졸업하고 몇 년 후 참으로 애석하게도 인생이 익어가기도 전에 폐암으로 세상을 떠나고 말았다. 문상을 갔을 때 고인의 영정 앞에 다음과 같이 쓰여 있었다. "이 세상에서 일과 사람과 공부를 사랑하다 하늘나라에 고이 잠들다." 필립스 시인의 말대로 멋지게 성숙되어가는 후반부 인생의 로드맵을 그리기 위해 불철주야 일하며 공부하던 그 학생의 열정적인 모습이 아직도 눈에 선하다.

50세를 전후로 시작되는 서드 에이지는 인생의 하프라인을 돌고 후반부 삶으로 향하는 출발점이다. 즉 장수 혁명으로 주어진 서드 에이지는 포도주처럼 잘 익어가는 인생 후반기를 살기 위해 숙성되는 기간이다. 25쪽의 [그림 1-1]에서 후반부 인생의 S2 곡선이 지속적으로 위로 향해 올라가려면 우선 지금까지의 구태의연한 생각으로 가득 찬 마음을 비워내야 한다. 그리고 술을 새 부대에 담듯이 서드 에이지를 향해 힘차게 이륙하는 열정과 에너지로 다시 채워야 한다. 인생의 전성기는 전반부에 오지 않는다. 장수혁명 이전에는 30~40대가 전성기였지만, 인생 100세 시대에는 50세의 하프라인을 통과해 60~70대가 되어야 잘 익은 포도주로 숙성된다. 기대수명이 단순히 길어진 데 그치지 않고, 더 활력 있고, 풍요롭고, 삶의 의미가 깊어지는 시기이기 때문이다.

와인 마니아들이 애호하는 명품 포도주는 시각과 후각 그리고 미각의 3박자를 골고루 갖추고 있어야 한다. 그들은 와인 테스팅에서 눈, 코, 입을 모두 동원해 다각적인 맛을 가지고 있으면서도 맛 사이에 균형을 유지하고 있는 와인을 고른다. 먼저 시각적 관점에서 숙성이 잘된 레드 와인은 색이 엷어지면서 진홍색, 벽돌색을 거쳐 황갈색으로 변한다. 화이트 와인은 레드 와인보다 시각적 정보를 얻는 데 제한적이다. 후각적으로는 진한 향기가 나는 와인이 적당한 숙성 기간을 거친 고급 와인이다. 미각적 관점에서 산도와 알코올의 균형감, 당분이 발효된 정도 등 독특한 맛을 혀로 느끼면서 입맛에 가장 잘 맞는 와인을 고른다.

세계적인 와인 비평가 로버트 파커Robert Parker는 "맛있는 와인은 비싼 포도로 만드는 것이 아니다. 사랑이 담긴 포도로 만든 와인이 가장 맛있다"라고 말했다. 따라서 인생의 전반부에 값비싼 포도가 아니라 사랑으로 영근 포도를 많이 수확한 다음, 이것을 가지고 서드 에이지로 넘어와 인생의 후반부에 잘 익은 와인으로 숙성시켜 풍요롭고 의미 있는 삶의 로드맵을 멋지게 그려나가야 한다.

그러기 위해서는 어떻게 해야 할까? 우선 베일에 싸여 있는 돈의 본질과 속성을 제대로 파악해 자신이 돈의 주인이 되어야 한다(2장, 3장). 다음으로 서드 에이지에는 성공이 아니라 목적 중심의 성장을 추구하고, 다운시프트를 통해 자아를 발견하고 자기를 실현해나가야 한다(4장, 5장). 마지막으로 인생 후반부에 삶의 의미와 가치를 재발견해 자신만의 행복경제학을 다시 써내려 가야 한다(6장, 7장). 지금부터 하나씩 살펴보도록 하자.

제2장

돈의 본질

1. 머니 속에 숨겨진 진실

경제사적으로 보면 인류의 경제활동은 원시적인 자급자족 생활에서 시작되었다. 아득히 먼 원시 시대에 사람들은 일을 해서 자연에서 식량을 얻고 필요한 것을 만들며 살아갈 수 있었다. 사람들이 생존하는 데 가장 필요한 수단은 노동이었다. 그러나 자급자족 경제에서 생산성 향상으로 잉여가 발생하면서 소유의 개념이 등장했다. 생산 수단을 개인이 소유하면서 인간 사회에 계급이 생겨난 것도 이때부터다.

그런데 잉여 생산물을 처분하려면 교환이 필요하게 되었다. 이른바 물물교환 경제의 출현이다. 하지만 물물교환은 일정한 조건하에서만 거래가 이루어지는 제약이 있었다. 즉, 내가 팔려는 물건을 상대방이 사려고 하고, 동시에 상대방은 내가 사고자 하는 물건을 팔아야 한다. 바로 영국의 경제학자 윌리엄 제번스William Jevons가 말하는 '욕망의 이중적 일치 조건double coincidence of wants'이 충족되어야 한다. 이 문제를 해결하기 위해 교환의 매개 수단이 필요했고 화폐가 출현했다. 자급자족 경제가 물물교환을 거쳐 화폐경제로 이행한 것이다. 대략 농경과 목축이 시작된 신석기 시대의 중후반쯤인 기원전 3,000년 전의 일이다.[10] 따라서 물물교환 경제는 소금이나 조개, 장신구, 특산물 등과 같은 원시 화폐가 출현하면서 화폐경제로 이행하게 되었다.

이러한 원시 화폐가 사용하기 편리한 금속 화폐로 진화하는 데는 긴 세월이 걸렸다. 기원전 8세기 경 중국의 춘추전국 시대에 명도전明刀錢이라는 칼 모양의 금속 화폐가 처음으로 사용되기 시작했다. 그로부터 수백 년이 흘러 세계 문명의 중심지로, 모든 길이 통한다던 로마 제국에 이르러 오늘날과 같은 형태의 동전이 은화로 주조되었다(기원전 269년). 머니money라는 단어의 어원이 생겨난 시대도 이때로 거슬러 올라간다. 머니의 어원을 아는 것은 돈의 본질과 속성을 이해하는 첫걸음이다.

로마의 역사를 연구하는 사학자들에 따르면 카피톨리노 언덕Capitoline Hill에 강력한 요새로 둘러싸인 제국 최고의 신전이 있었다. 여기에 로마 제신諸神들의 왕인 주피터Jupiter와 그의 아내인 주노

Juno 여신이 모셔져 있었다. 지금의 프랑스나 북부 이탈리아 지방에 해당하는 갈리아에서 이방인들이 로마를 공격해오면 주노 여신이 있는 신전 주위를 신성한 갈매기 떼들이 둘러싸고 있다가 요란한 울음소리를 내서 알려주었다고 한다. 그래서 주노의 이름에 '경고하다'라는 뜻의 라틴어 모네레monere가 붙여져 '주노 모네타Juno Moneta'로 불리게 되었다.

주노는 원래 결혼과 출산을 상징하는 여신이었는데 제국의 끊임없는 전쟁 중에 여성을 보호하고 가정을 지키는 여신의 영역이 확대되자 결국 화폐 주조와 유통까지 관장하고 로마 제국 전체를 보듬는 수호신이 되었다. 이에 따라 돈의 영어명이 바로 주노 모네타 여신의 이름에서 유래되어 오늘날의 '머니'가 된 것이다. 따라서 돈이라는 어원에는 '경고' 또는 '감시'라는 뜻이 담겨져 있다. 돈으로 도박을 하거나 사치와 허영에 들떠 패가망신하는 경우가 허다하다. 돈으로 권력을 살 수 있지만, 돈은 권력을 부패하게 한다. 역사적으로 돈을 잘못 사용하다 패망한 송나라 같은 왕국도 허다했다. 이러한 의미에서 돈의 어원에 경고나 감시의 뜻이 포함되어 있다는 것은 의미심장하다.

[그림 2-1]은 런던의 대영박물관에 소장되어 있는 모네타의 이름이 또렷이 새겨진 로마 시대 은화 데나리우스Denarius의 실제 형태.[11] 어디가 앞면이고 어디가 뒷면인지는 분명치 않으나 사진

| [그림 2-1] 로마 시대의 은화

왼쪽에 주노 모네타의 얼굴이, 오른쪽에는 주화를 만들 때 사용되는 부젓가락과 해머가 그려져 있다. 지금부터 2,000여 년 전에 사용되던 동전이 오늘날의 화폐경제에 유통되는 주화와 별반 차이가 없으니 신기하고 놀랍기만 하다.

이상으로부터 돈의 어원이 무엇이고 돈이라는 단어에 담겨져 있는 역사적 의미와 그 내면에 숨겨져 있는 진실이 밝혀졌다. 위 사진에서 모네타 여신이 그녀의 예리한 곁눈질로 우리가 돈을 어떻게 쓰는지 바라보는 듯한 감시와 경고의 눈빛이 느껴지지 않는가?

우리가 역사를 배우는 이유는 역사학자 에드워드 카Edward Carr의 말처럼 "역사란 과거와 현재의 대화"이기 때문이다. 즉, 역사가 단지 과거의 사실만을 알려주는 것이면 우리가 군이 역사 공부를 할 필요가 없다. 돈의 역사를 통해 과거의 시간과 만남으로써 과거의 사실을 바르게 이해할 수 있다. 현재는 과거의 결과이기 때문에 역사적 교훈으로부터 현재를 슬기롭고 더 성숙하게 살아갈 수 있는 지혜를 깨우칠 수 있다. 그것은 곧 미래를 바라보는 냉철한 예지와 바른 안목을 길러나가는 길이기도 하다. 인생이라는 커다란 틀 안에서 과거는 현재로 연결되고, 다시 미래를 향해 뻗어나가는 새로운 여정의 시발점이 된다. 따라서 우리는 돈의 역사로부터 돈이 무엇인지, 현재 어떻게 사용해야 하는지, 미래에 돈과의 관계를 어떻게 정립해야 하는지를 정확히 이해하고 돈을 사용해야 한다.

금융기관이나 일반 직장인들에게 생애재무설계 강의를 하다 보면 흔히 수강생들로부터 "행복한 은퇴 생활을 하려면 은퇴 자금은 얼마나 필요한가요?"라는 질문을 받는다. 이 강의를 듣는 대부분의 수강생들은 40대 후반이나 50대 초반의 장년층이다. 인생 100세 시대에 인생의 후반부를 곧 시작하거나 이제 막 인생의 하프라인을 넘어서고 있는 사람들이다. 이 질문을 뒤집어보면 "은퇴 자금이 충분하면 행복한 은퇴 생활을 할 수 있나요?"가 된다. 나의 대답은 "절대로 아니요"다. 그 이유는 이 역질문 속에 담긴 뜻은 은퇴 이후의 행복을 돈으로 살 수 있다는 말과 똑같은 의미기 때문이다. 만일 주노 모네타 여신에게 물었다면 어떤 대답을 했을까? 당연히 "아니다"였을 것이다. 왜냐하면 돈 많은 원로원 귀족이 목욕탕이나 드나들며 방탕한 생활을 하다가 돈으로 행복을 사려 했다면 여신의 감시와 경고가 뒤따랐을 것이기 때문이다.

2. 돈의 속성

지금으로부터 약 500여 년 전쯤 대항해 시대에 해상 무역을 독점한 포르투갈 사람들이 범선을 타고 인도 항로를 개척하기 위해 서아프리카 해안에 정박했을 때 원주민들이 행하는 종교의식을 보고 깜짝 놀랐다. 햇빛조차 제대로 안 드는 울창한 밀림 속에서 원주민들이 짐승들의 뿔과 가죽, 말라비틀어진 새, 냄새나는 악어와 카멜레온과 같은 동물의 조잡한 박제들을 제단 위에 놓고 광란의 춤을 추며 알지도 못할 주문을 외우면서 의식을 올리고 있었다.

이곳의 원주민들은 자연적 사물들이 마술적이며 영적인 힘을 가지고 있어서 그 앞에서 주문을 외우면 행운을 얻을 수 있고 질병이 낫고 해악을 피할 수 있다고 믿고 있었다. 이 원주민들의 주술적 예배의식에 사용되는 자연적 사물을 학술 용어로는 영어로 '페티시fetish' 한자어로 '물신物神'이라고 하며 이를 종교적으로 추앙하는 행위를 물신숭배라고 한다.

서아프리카 원주민들의 주술 신앙에 붙여진 물신 또는 물신숭배라는 용어를 경제학에 처음으로 사용한 비주류 경제학자가 있었다. 바로《자본론》의 저자 카를 마르크스Karl Marx다. 그의 이론에 따르면 자본주의적인 생산 체제 아래에서는 상품 속에 내재해 있는 노동의 의미가 제거되고 사람과 사람의 관계가 물건과 물건의 관계로 바뀌게 되는 이른바 물상화物象化 현상이 발생하게 된다. 그 결과 상품, 화폐, 자본 등의 물질들이 인간의 노동에 의해 만들어지는 생산물에 지나지 않지만 신앙 또는 숭배의 대상이 되고 만다.

이러한 현상을 서아프리카 원주민들의 자연물에 대한 주술신앙에 비유해 자본주의 사회의 '페티시즘fetishism' 또는 '물신주의'라고 했다. 물신숭배나 물신주의라는 말은 특정 사물에 대한 애착을 넘어 여기에 매몰될 정도로 끈질긴 도착 증세를 보일 때 사용된다. 예를 들어 원시 공동체 사회에서 수많은 시녀들을 거느린 힘 센 족장이 있다고 하자. 이때 부하들은 족장의 막강한 권위와 힘의 상징인 남근男根 같은 특정한 신체 부위에 대해 환상을 만들어내며 이것을 도착적으로 숭배하게 된다.

사람들의 이러한 도착증과 물신적 대상화의 가장 적절한 예가 바로 돈이다. 사람들은 돈이 실재하는 물건이 아닌데도 실재하는 물건보다도 더 가지기를 원한다. 돈이 무한대의 욕망을 채워주는 마술을 가지고 있다고 믿기 때문이다. 돈의 이러한 속성은 사람들이 돈을 신앙 또는 숭배의 대상으로 여기거나, 돈에 절대적인 힘이 있다고 믿고 그 앞에 무릎을 꿇을 때 생겨나는 도착증에서 기인한다.

실제로 한 사례를 들어 살펴보자. 몇 년 전 흥사단 투명사회운동본부는 우리나라 청소년 2,000명을 대상으로 윤리 의식에 대한 설문조사를 실시했다. 조사 결과에 따르면 "10억 원이 생기면 1년 동안 감옥에 가도 괜찮은가?"라는 질문에 초등학생 12퍼센트, 중학생 28퍼센트, 고등학생 44퍼센트가 '그렇다'고 답한 것으로 나타났다.[12] '돈만 있으면 감옥에 가도 좋다'고 생각할 만큼 어린 청소년들 사이에 돈에 대한 도착증과 물신주의가 만연되어 있음을 알 수 있는 대목이다. 감옥에 가면 평생 전과자가 되는데도 상급생이 되어 세상을 더 배워갈수록 돈에 관한 도착증과 물신주의가 그들의 마음속에 더 깊게 자리 잡아가고 있다는 사실이 우리 같은 어른들을 무척 울적하고 부끄럽게 만든다.

오늘날 우리 사회에 팽배해 있는 배금주의나 황금만능주의는 돈에 대한 도착증과 물신주의가 초래한 결과다. 이러한 문화에서는 사람과 사람의 관계가 물질로 연결되고 평가된다. 따라서 사람의 인격은 실종되고 돈의 지배를 받게 되며 우리가 돈의 이러한 속성에 갇혀 있는 한 돈의 노예로 살아갈 수밖에 없다.

그러면 우리가 돈에 대한 물신주의나 돈을 향한 도착증으로부터 벗어날 수 있는 방법은 없을까? 이 질문에 대한 해답은 자본주의 생산 체제에 대해 문제를 제기한 마르크스의 경제 이론보다도 현대 경제학의 아버지라고 불리는 미국 MIT 대학교의 폴 새뮤얼슨Paul Samuelson 교수의 행복 공식으로부터 찾아볼 수 있다. 그가 제시한 행복 공식은 간단하다. 행복은 소비에 비례해 증가하고 인간의 욕망에 반비례해 감소한다는 것이다. 여기서 소비는 부富가 늘어나면 증가하게 되므로 이 변수를 교체할 수 있다. 그리고 사람이 사회적 지위나 명성을 얻으면 행복이 증가하게 되므로 이 변수를 추가할 수 있다. 이렇게 변형된 행복의 공식은 '행복=(부+명성)/욕망'으로 간단하게 정리된다.

하지만 문제는 사람들이 부나 명성을 얻게 되면 여기에 만족하지 못하고 더 많은 것을 지속적으로 채워 넣으려는 욕망에 사로잡힌다는 점이다. 마치 바닷물을 마시면 마실수록 갈증이 나듯이 마른 목을 축이기 위해서는 끊임없이 물을 마셔야 한다. 이것은 서아프리카 원주민들이 자연물의 신비와 마술을 믿듯이 사람들이 돈을 물신처럼 숭배하는 도착증에 빠졌을 때 생겨나는 돈에 대한 갈증이다.

나는 강의 시간 중 새뮤얼슨의 행복 공식을 학생들 또는 일반인에게 소개할 때 수강생이 누구냐에 따라 자신들의 경제생활에 적용하는 방법을 다르게 설명한다. 20대 학부 학생이나 직장에 다니는 30~40대 대학원생들의 경우에는 생애 주기가 서드 에이지에 진입하려면 10~20년 남아 있거나 이 단계로의 진입을 준비하고 있기 때문에, 지나치지만 않으면 어느 정도의 욕망을 가져야 하며 동시에 부를 가급적 많이 축적해 증식시키고 명성을 높임으로써 인생의 전반부에 자기 자신의 사회적 가치를 극대화하라고 조언한다.

그러나 생애 주기가 이미 서드 에이지로 넘어가는 50세 전후의 일반인의 경우에는 분자보다는 분모 관리에 우선순위를 두라고 당부한다. 즉 행복 공식의 분자에 있는 부를 늘리고 명성을 높이는 데 몰두하는 것보다는 분모의 욕망을 낮추어 인생의 행복지수를 높이라고 한다. 인생의 하프라인을 넘고 난 이후에는 부나 명성에 대한 눈높이를 낮추려는 노력과 병행해 욕망에 대한 적절한 제어 능력 없이는 행복한 인생의 후반부 로드맵을 그려나가기 어렵기 때문이다. 탈무드의 격언처럼 진정한 부자란 어느 정도의 물질적 부가 충족되면 자신에게 주어진 몫과 운명에 만족할 줄 아는 사람이다.

3. 경제학이 가르쳐주지 않는
돈의 본질

> "경제학이란 우울한 과학이다."
> − 토머스 칼라일 −

영국 케임브리지 대학교 앨프리드 마셜Alfred Marshall 교수는 신고전학파 경제학의 창시자다. 그는 "경제학자는 차가운 머리cool head와 따뜻한 심장warm heart을 가져야 한다"는 유명한 말을 남겼다. 그가 사망한지 100년이 가까이 되었지만 여전히 경제학자들 사이에 회자되는 경구다. 여기서 차가운 머리는 냉철한 지식을 상징하고, 따뜻한 심장은 덕성과 사랑 같은 온정어린 인간미를 뜻한다.

그러나 정작 영어로 경제를 뜻하는 이코노미economy의 단어적 의미는 단순하다. 어원으로 따지자면 그리스어 오이코노미아oikonomia로 거슬러 올라간다. 이 단어는 집을 의미하는 오이코스oikos와 법이나 규칙을 뜻하는 노모스nomos라는 두 헬라어의 합성어로부터 나왔다. 그러므로 원래 경제학의 어원적 의미는 '가계를 관리하는 규칙' 또는 '집안 살림살이'라는 정도의 뜻을 가진다.

반면에 동양권에서 경제의 의미는 영어의 이코노미와 범위가 다르다. 일본 메이지 시대에 신지식인들이 영어의 이코노미를 경제經濟라고 번역했다. 이 용어가 일본으로부터 중국이나 한국으로 역수입되어 통용되고 있다. 여기서 경제는 경세제민經世濟民의 준말이다. 세상世을 다스리고經 백성民을 구제濟한다는 의미다. 이는 《장자》의 〈제물론齊物論〉에 나오는 경세經世와 《서경書經》에 나오는 제민濟民의 합성어다. 따라서 경세제민은 치국治國 평천하不天下에 해당한다고 볼 수 있고, 이는 '세상과 백성의 살림살이'라는 의미에서 영어의 이코노미의 뜻보다 아우르는 범위가 넓다.

위에서 보듯이 경제학은 동서양에서 범위는 다르지만 다같이 '살림살이'를 탐구의 대상으로 하는 학문이다. 경제학의 분야를 학문적으로 크게 나누면 미시경제학과 거시경제학으로 대별할 수 있다. 근대 미시경제학은 앨프리드 마셜이 수학을 경제학에 응용해 그 개념을 도입한 한계효용이론이 발전 원리로서 결정적인 역할을 했다. 반면 거시경제학은 마셜의 제자인 존 케인스John Keynes가 1930년대 미국의 대공황기에 펴낸 저서《고용·이자 및 화폐의 일반이론The General Theory of Employment, Interest and Money》에 의해 확립되었다. 스승과 제자가 서로 신고전학파적 근대 경제학의 양대 산맥인 미시경제학과 거시경제학의 이론적 기틀을 마련하다니 대단하고 놀랍기만 하다.

먼저 '나무'에 해당되는 미시경제 이론은 제일 먼저 효용utility의 개념을 소개하는 소비자이론으로부터 시작된다. 효용이란 추상적인 개념으로 재화를 소비함으로써 얻는 만족 또는 쾌락이다.[13] 미시경제학에서 가장 중요하게 다루는 변수는 개별 상품의 가격이다. 개별적 가격이야말로 재화의 수요와 공급, 자원의 분배 이론에서 핵심적인 역할을 하기 때문이다. 과거에는 이러한 개별 상품의 균형 가격 결정 이론이 미시경제학의 핵심이어서 가격 이론이라고 하면 곧 미시경제학을 의미하기도 했다.

반면에 '숲'에 해당되는 거시경제 이론은 국민 경제의 총체적인 관점에서 국민소득이나 고용 및 일반적 물가 수준 등을 중요한 변수로 다룬다. 이러한 변수들이 경기 변동, 실업, 경제성장률에 어떠한 영향을 주는지를 분석한다. 여기서 유의해야 할 것은 '나무'에 해당하는 미시경제학과 '숲'에 해당하는 거시경제학을 동시에 바라다볼 수 있는 쌍안경이 필요하다는 점이다. 한쪽을 알지만 다른 쪽을 모르는 구성의 오류Fallacy of Composition에 빠지지 않기 위해서이다.

하지만 경제학이 살림살이를 탐구의 대상으로 하는 학문임에도 불구하고 정작 돈에 대해서는 제대로 가르쳐주지 않는다. 미시경제학의 주된 관심은 효용이나 가격이고, 거시경제학은 소득과 물가 안정, 성장에 초점을 둔다. 돈의 속성이나 그 안에 녹아 있는 본질적인 의미에 대해서는 직접 가르쳐주지 않는다. 화폐금융론에서 화폐나 통화라는 용어로 통화의 공급과 화폐의 수요, 적정 통화량과 이자율이 어떻게 결정되는지 등을 기술적으로 다룰 뿐이다.

미국에서 재무설계 전문가로 활동하고 있는 딕 와그너Dick Wagner는 돈이란 섹스에 못지않게 심리적이고 정신적인 속성을 가지고 있다고 말한다.[14] 와그너에 의하면 신학자들은 돈 문제가 성경에서 하나님 다음으로 가장 많이 강조되고 있는 주제로 여긴다. 그러나 그 누구나 돈 문제로부터 제기되는 눈에는 안 띄는 도전을 터부시하고 대수롭지 않게 여긴다. 경제학에서조차 돈에 관한 대부분의 이론은 돈의 본질적인 속성과 유리되어 있다. 그래서 경제학은 또다시 우울한 과학이다.

수박의 겉과 속을 생각해보자. 수박의 겉은 전통적 경제학에서 다루는 돈에 해당된다. 금융 시장과 금융 상품, 중앙은행의 통화 공급과 시중은행의 신용 창조, 물가 안정을 위한 통화정책, 국제적인 외환의 유출입 등은 구체적인 수치로 측정 가능한 정량적인 요소들이며 경제학 이론으로 이에 대한 논리적 설명이 가능하다. 하지만 이런 것들은 모두 피상적인 얘기다. 껍질만 보이는 수박 반쪽이다. 반면에 빨갛게 익어 있는 수박의 속은 경제학이 가르쳐주지 않는 돈의 본질적인 속성에 해당한다. 여기에는 돈에 대한 태도와 돈의 가치를 바라다보는 개인의 관점뿐만 아니라 돈에 대한 습관과 편력, 돈으로부터의 공포나 노여움 등이 포함된다. 수박의 안쪽은 이러한 비재무적인 요소들로 구성되고 수치로 측정할 수 없는 돈의 정성적인 측면을 보여준다.

여기서 간과하지 말아야 할 것은 와그너가 강조하는 것처럼 수박의 안쪽과 바깥쪽에 해당되는 돈의 양면을 모두 아우르는, 즉 통합적 재무 관리Integral Finance 접근 방법이 필요하다는 점이다. 어느 한쪽만 가지고는 돈에 대한 설명을 완성할 수 없기 때문이다. "경제학자는 차가운 머리와 따뜻한 심장을 가져야 한다"던 마셜의 경구처럼 차가운 머리로는 돈의 겉면에 해당하는 재무적 측면을, 따뜻한 심장으로는 돈의 안쪽에 해당하는 비재무적 측면을 서로 균형 있게 다루어야 한다.

4. 돈, 좌뇌로 판단하고
우뇌로 느껴라

"돈과 우리의 관계는 빙산과도 같다. 지금 우리 앞에 보이는 것은
지극히 일각에 불과하다." – 밥 버그 –

언젠가 대학원생들에게 행동경제학에 대해서 강의를 시작하기 전에 간단한 퀴즈를 낸 적이 있다. 유명인들의 이름을 나열해서 그 사람들이 좌뇌형인지 우뇌형인지 구분해보는 재미있는 시간이었다. 물론 절대적인 판별 기준은 없고 어떤 형에 가까운지 답하면 되는 질문들이다. 퀴즈의 대상 인물은 정주영과 이병철, 빌 게이츠Bill Gates와 스티브 잡스Steve Jobs, 모차르트Wolfgang Amadeus Mozart와 베토벤Ludwig van Beethoven, 피카소Pablo Picasso와 고흐Vincent van Gogh, 사르트르Jean Paul Sartre와 톨스토이Lev Tolstoy였다.

인간의 뇌에 대한 구조를 대략 이해하고 있으면 어렵지 않은 퀴즈다. 좌뇌는 수리, 논리, 분석, 언어 등을 담당하는 이성의 영역을

지배한다. 반면에 우뇌는 직관, 공간, 심리, 색상, 리듬 등 감성의 영역을 담당한다. 이런 기준으로 퀴즈의 대상 인물들을 분류해보자. 이병철, 빌 게이츠, 베토벤, 피카소, 사르트르는 좌뇌형에 가깝고, 이에 반해 정주영, 스티브 잡스, 모차르트, 고흐, 톨스토이는 우뇌형 쪽으로 기운다. 재미있게도 30명에 가까운 수강생들이 낸 응답이 대동소이했다. 뇌과학 이론으로 더 정확하게 분석해보면 어떤 결과가 나올지 모르지만 일단 대수의 법칙으로 보면 크게 틀려 보이지 않는다. 좌뇌형은 논리적이고 이성적인 성격이 강한 반면, 우뇌형은 직관적이고 감성적인 측면이 강하다.

미국의 유명한 재무설계 전문가 엘리자베스 제튼Elizabeth Jetton은 재무와 관련된 요소의 성격을 정량적quantitative인 것과 정성적qualitative인 것 두 가지 영역으로 구분한다.[15] 정량적 요소란 소득, 예금, 투자, 자산, 부채 등과 같이 숫자로 나타낼 수 있는 것들을 가리킨다. 반면에 정성적 요소란 만족감, 열정, 가치관, 지출 습관,

[표 2–1] 좌 · 우뇌의 영역

좌뇌의 영역	우뇌의 영역
• 정량적	• 정성적
• 수치로 측정 가능	• 수치로 측정 불가
• 재무적 목표	• 비재무적 목표
• 돈 중심의 재무설계	• 인생 중심의 재무설계

안녕감 등과 같이 수치로 나타낼 수 없는 것들을 지칭한다.

행동경제학의 측면에서 인간의 좌뇌와 우뇌는 제튼의 정량·정성적 요소에 대해 어떻게 반응할까? [표 2-1]에서 보듯이 좌뇌는 수치로 나타나는 정량적 요소에 작용한다. 좌뇌는 구체적으로 수치화된 돈을 기술적으로 계산해 분석하기도 한다. 반면에 우뇌는 수치와 거리가 먼 정성적 요소에 반응한다. 우뇌는 추상적인 의미를 부여해 해석을 내리고 예술적인 감각을 느끼고 전달한다. 예를 들어 결혼 10주년 기념 유럽여행을 하기 위해 매월 봉급에서 얼마를 절약해 어떤 금융 상품에 투자를 할까 하는 의사 결정을 할 때는 좌뇌가 움직인다. 그러나 예술의 전당에서 내한한 빈소년 합창단의 멜로디를 감상하면서 아름다운 화음과 리듬에 공감하고 흡족해할 때는 우뇌가 반응한다.

개인재무설계 관점에서 전통적 재무설계는 재무적 목표 달성을 우선으로 하기 때문에 좌뇌의 영역에 속한다. 자녀의 교육 자금, 생애 최초 주택 구입을 위한 목돈 마련으로부터 안정적인 노후 생활을 위한 은퇴 자금 확보에 이르기까지 재무설계의 실행 계획은 좌뇌를 움직여 수립한다. 정기적으로 재무설계 제안서를 모니터하고 분기, 반기 또는 매년마다 성과를 분석해 그 결과를 고객에게 피드백한다. 돈에 대한 정보의 수집, 분석과 계산, 성과 평가 등 전통적 재무설계의 일련의 프로세스는 논리와 수리적 판단을 요구하

[그림 2-2] 전통적 재무설계의 확장

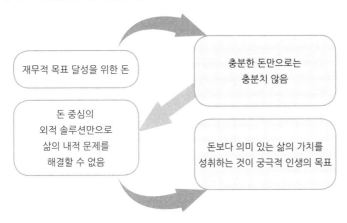

는 좌뇌의 영역임에 이론의 여지가 없다. 그러나 정량적인 속성을 가지는 돈 중심의 전통적 재무설계의 접근 방법은 오로지 뇌의 한쪽에만 의존하는 반쪽의 미완성 작품에 불과하다.

따라서 우뇌를 활용해 수치로는 측정되지 않는 정성적 속성의 비재무적 부분을 다루는 인생 중심의 재무설계가 필요하다. [그림 2-2]는 돈 중심의 전통적 재무설계가 인생 중심의 재무설계로 확장되는 과정을 보여주고 있다.

돈 중심의 재무 목표가 달성되어 필요한 돈이 충분히 확보되었다 하더라도 이것으로 끝이 아니다. 얼마를 쓸 것인가는 해결되었지만, 어떻게 쓸 것인지는 아직 정해지지 않았기 때문이다. 이런 미완성의 상태에서는 돈 중심의 외형적 솔루션이 내적 삶의 문제를 해결해주지 않는다. 더구나 돈을 자신의 이미지와 동일시해 삶의 의미를 발견하지 못하고 궁극적인 지향점을 상실할 수 있다. 서드 에이지를 거친 인생의 후반부에는 의미 있는 가치를 성취하는 것이 삶의 궁극적인 목적이 된다.

따라서 돈의 본질은 좌뇌와 우뇌의 상호작용으로 파악되어야 한다. 즉, 수치로 나타난 돈은 좌뇌로 판단하고, 돈에 대한 목표가 달성된 후에는 삶의 가치와 인생의 목적을 우뇌로 느껴야 한다. 인생의 전반부에는 왕성한 좌뇌 활동으로 재무적 목표를 충분히 달성하되, 서드 에이지와 인생의 후반부로 진입하게 되면 우뇌로 가치와 의미를 되새기며 삶의 균형을 잡아 나가야 한다.

그러나 때로는 좌·우뇌의 활동이 이성보다는 감정의 지배를 받을 경우가 있음에 유의해야 한다. 갑작스러운 충격이나 고도의 스트레스 또는 강한 정서적 자극이 있을 때 그럴 가능성이 높다. 예를 들어 주식시장이 급등할 때 탐욕에 사로잡히거나 반대로 급락 장세에서 공포에 휩싸이게 되면 좌뇌의 논리적이고 이성적 판단이 흐려질 수 있다. 2000년대 들어 IT버블이 붕괴되고 뒤이어 글로벌 금융위기가 전 세계 금융시장을 강타했을 당시, 높은 가격에 주식을 매수하고 낮은 가격에 매도한 치명적인 투자 실패 사례는 바로 이러한 데에서 원인을 찾아볼 수 있다. 그러므로 언제나 돈의 본질을 파악할 때 좌뇌의 판단과 우뇌의 느낌이 쌍방향으로 균형을 이루어야 한다. 숫자로 나타나는 돈의 외형적인 부분은 빙산의 일각에 불과하고, 바닷물에 잠겨 있는 돈의 내면 세계가 훨씬 넓고 크기 때문이다.

5. 돈으로 살 수 있는 것과
살 수 없는 것들

"돈으로 살 수 있는 것들에 대해 염려하지 말고,
돈으로 살 수 없는 것들에 대해 걱정하라." - 파울로 코엘료 -

1986년 가을, 런던의 웨스트엔드에서 초연된 뮤지컬 〈오페라의 유령The Phantom of the Opera〉은 전 세계에서 무려 1억 명 이상이 관람할 정도로 대단한 인기몰이를 한 걸작이다. 이 뮤지컬은 고전적 선율을 밑으로 깔고 극 전체의 구성을 오페라의 형태로 끌어가는 오페레타operetta 형식이다. 우리나라에서도 이 작품에 100억 원의 제작비를 투자해 2001년 12월 LG아트센터에서 막을 올린 바 있다.

이 뮤지컬을 작곡한 앤드루 로이드 웨버Andrew Lloyd-Webber는 부모로부터 물려받은 천부적인 음악 재능으로 뮤지컬계에 기여한 공로를 인정받아 세계적 대문호 셰익스피어 그리고 세기의 팝가수

비틀즈와 함께 영국이 낳은 '문화 영웅'의 한 사람으로 꼽힌다. 그가 내놓는 작품마다 대대적인 흥행에 성공했기에 로이드 웨버는 뮤지컬계의 '미다스의 손Midas touch'이라고 불린다.

미다스는 엄청난 재산을 가지고 있음에도 언제나 더 많은 재물을 손에 넣는 것이 소원인 인물이다. 어느 날 미다스는 술의 신 디오니소스Dionysus에게 자기가 손을 대는 어느 것이나 황금으로 변하게 해달라고 애원한다. 술에 취한 상태에서 디오니소스는 그의 소원을 들어준다. 미다스는 닥치는 대로 무엇이나 손을 대어 황금으로 만든다. 그러나 전혀 생각지도 않았던 문제들이 발생한다. 음식을 먹으려고 손을 댔더니 황금으로 변해 먹을 수가 없었다. 배가 고파 상심한 나머지 엉겁결에 딸을 안았다가 눈에 넣어도 아프지 않을 사랑하는 딸마저 황금으로 변해버렸다. 미다스는 디오니소스에게 다시 원래대로 되돌려달라고 간청한다. 디오니소스는 술김에 한 일이니 선심을 쓴다. 미다스가 강물에 목욕을 하니 원래의 자기 모습으로 돌아온다. 황금 조각상으로 변한 딸도 강물에 담그고 다시 인간의 모습을 되찾는다.

이 신화로부터 유래한 미다스의 손이라는 말은 손만 대면 황금으로 변하게 하는 미다스 왕에 빗대어 돈 잘 버는 재주를 뜻한다.

런던에서 초연된 〈오페라의 유령〉은 2년 후 1988년 미국 뉴욕의 브로드웨이 공연 당시 20일 만에 예매액이 1,700만 달러에 달하고 최고 최장의 흥행 기록을 세웠다. 역시 로이드 웨버는 뮤지컬계의 미다스의 손이라고 불릴 만했다.

미다스의 손과 정반대의 이야기를 해보자. 조선시대 말기 불운했던 선비가 있었다. 우리에게도 친숙하고 누구에게나 사랑받는 이름이다. 바로 방랑 시인 김삿갓이다. 원래 그의 본명은 김병연金炳淵이다. 그는 조선 순조 때 과거에 응시해 홍경래의 난 때 봉기군에게 항복한 선천부사宣川府使를 비판하는 글로 급제한다. 나중에 그 선천부사가 자기 조부라는 사실을 알게 된 김병연은 스스로 집안을 욕되게 했다는 자책감에 빠져 괴로워한다. 그러다 결국 벼슬을 버리고 유랑의 길에 나선다. 대나무 지팡이를 짚고 하늘을 볼 수 없는 죄인이라 생각하고 삿갓을 깊게 눌러쓴 채 삼천리 방방곡곡을 떠도는 방랑 시인이 되었다.

김삿갓은 과거에 급제한 선비였지만 유랑하는 그를 알아주는 사람은 아무도 없었다. 그는 전국을 떠돌며 부자와 부패한 권력을 풍자하거나 조롱하는 여러 편의 즉흥시를 남겼다. 그래서 김삿갓은 조선 시대 민중 시인으로 불리기도 한다. 다음은 그의 작품으로 알려진 시 〈전錢〉이다.

錢

周遊天下皆歡迎 興國興家勢不輕.

去復還來來復去 生能捨死死能生.

어디를 떠도나 돈을 싫어하는 사람은 이 세상에 아무도 없고

나라와 가문을 흥하게 하니 그 위세가 대단하구나.

그러나 돈이란 들어오기도 하고 나가기도 하니 이를 어찌하랴.

살아서는 죽을 줄을 모르고 죽었다가도 다시 살아나는구나.

그는 부귀영화와 벼슬을 다 내려놓고 유랑 생활을 하며 돈 없는 서러움을 처절하게 느꼈을 것이다. 그러나 구름에 달 가듯 떠돌던 방랑 시인은 돈에 대해 고고孤高하고 초연한 자태를 보여주고 있다. 방랑 시인은 이 풍자시에서 돈의 힘과 위세를 인정한다. 그러나 그가 전달하고자 하는 핵심 메시지는 미다스 왕과는 달리 돈에 집착하지 말고 욕망에 초연해 살라고 조용히 가르치는 데 있다.

고대 그리스의 아리스토텔레스는 형이상학을 최초로 확립한 철학자다. 형이상학이란 경험의 세계를 초월해 본질적이며 변하지 않는 보편적인 개념을 대상으로 하는 학문을 말한다. 이에 대비되는 형이하학은 과학적 연구나 경험에 의해서 관찰 가능하고 현상적인 실체를 탐구하는 학문이다. 좀 더 부연하자면 형이상학이 본

질과 사유의 세계를 탐구한다면, 형이하학은 현상과 경험의 세계를 직시한다고 할 수 있다.

아리스토텔레스의 관점에서 보면 미다스 왕은 형이하학적이고, 김삿갓은 형이상학적이다. 왜냐하면 미다스 왕은 눈에 보이는 황금에 대한 욕망에 빠져 얼떨결에 사랑스런 딸까지 손댄 반면, 김삿갓은 돈에 초연해 눈에 보이지 않는 고고한 선비의 품격과 덕성을 지키려 했기 때문이다. 그러면서 김삿갓은 황금이 만능인 세태를 한탄하면서도 돈에 집착해 살아가는 사람들을 조용히 타이르기도 한 것이다.

여기서 구체적인 예를 들어보자. 침대, 시계, 책, 의자, 약, 아파트 등은 모두 돈으로 살 수 있는 형이하학적인 것이다. 반면에 여기에 일대일로 대응되는 잠, 시간, 지식, 명예, 건강, 가정 등 형이상학적인 것들은 돈으로 절대 살 수 없다. 피는 돈으로 수혈받을 수 있지만 건강은 돈으로 절대 살 수 없다. 섹스는 불법적으로나마 살 수 있을지 모르지만 사랑은 도저히 돈으로 살 수 없다.

따라서 돈에 대한 본질을 제대로 파악해 돈으로 살 수 있는 형이하학적인 것들과 돈으로 살 수 없는 형이상학적인 것을 엄격히 구분해야 한다. 그래야 서드 에이지 시대에 형이하학적인 것에 집착하지 않고 후반부 인생의 로드맵을 품격 있고 가치 있게 그려나갈 수 있다.

6. 돈은 물같이 흐르는 것이다

"지극히 선한 것은 마치 물과 같다. 물은 만물을 이롭게 하면서도
다투지 않으며 뭇사람이 싫어하는 낮은 곳에 자리를 잡는다.
그러므로 도(道)에 가깝다." – 노자 –

마르쿠스 아우렐리우스Marcus Aurelius는 로마 제국의 5현제의 마지막 황제이자 스토아학파 철학자였다. 게르만족의 남하와 역병 페스트 등 내우외환으로 기울어가는 제국을 구하기 위해 수많은 전쟁터를 누빈 그는 자신을 향한 고백서인 《명상록》을 일기 형식으로 써서 후대에 남기고 전선에서 전사했다. 그리스어로 쓰인 《명상록》은 당대 최고의 문학과 철학의 걸작으로 꼽힌다. 내가 아우렐리우스의 《명상록》을 처음 접한 것은 고등학생 시절 국어 교과서에 수록된 영문학자 이양하 교수의 수필 〈페이터의 산문〉을 통해서였다.

이 수필에 수록된 《명상록》의 발췌본은 불확실한 미래 앞에서

방황하던 나에게 삶에 대한 깊은 회의와 번민을 안겨주었다. 《명상록》을 읽고 나니 인생 자체가 무상하고 허무해서 공부할 의욕도 사라지고 심지어 살맛도 안 날 정도였다. 그러나 《명상록》이 인간의 욕망에 대한 부질없는 집착을 버리고 자연에 순응하라는 깊은 가르침을 담고 있다는 사실을 뒤늦게 깨달았다. 지천명知天命의 나이가 된 후 《명상록》을 다시 읽고 나서부터다.

동양에도 아우렐리우스에 비견할 만한 고대 철학자가 있었다. 바로 춘추전국시대의 제자백가諸子百家 사상가의 한 사람이었던 노자老子다. 노자는 주나라에서 도서 관리를 담당하는 문관이었는데 주나라 황실이 쇠락하자 사직하고 자연으로 들어가 자신을 숨기고 살았다. 노자의 도가 사상은 인위적인 교육이 아니라 무위자연無爲自然으로 자연의 순리에 따르며, 무위무욕無爲無欲으로 겸양해 자신을 수양하라고 가르쳤다.

노자 사상과 도가 철학이 고스란히 녹아 있는 《도덕경》은 세상에 적용해야 할 자연의 질서와 수많은 지혜를 담고 있다. 이 고전은 동양뿐만 아니라 전 세계 인류에게 커다란 영향을 미쳤다. 유네스코 통계에 따르면 성경 다음으로 가장 많이 외국어로 번역되어 출판된 책이 바로 《도덕경》이라고 한다. 독일의 허무주의 철학자 프리드리히 니체Friedrich Nietzsche가 《도덕경》을 읽고 나서 《도덕경》은 마르지 않는 우물처럼 보물을 가득 담고 있어서 물통만 내리면 원

하는 대로 손쉽게 얻을 수 있다고 극찬했을 정도다. [16]

　여기서 서드 에이지 시대에 인생의 후반부를 준비하는 40대나 이미 인생의 하프라인을 지나온 50대 이상 사람들이 유의해야 할 것이 하나 있다. 이들은 로마 시대의《갈리아전기》나 삼국 시대의《삼국지연의》와 같은 전쟁 문학에서, 피나는 싸움과 전쟁, 그리고 경쟁의 역사에서 앞으로 살아갈 지혜를 얻기는 힘든 연령대다. 그 대신 차라리 공간을 초월한 삶의 철학을 담고 있는 아우렐리우스의《명상록》이나 노자의《도덕경》으로부터 보다 본질적인 삶의 예지와 해법을 얻을 수 있다. 두 고전의 공통점은 모두가 자신을 향한 고백서이고 자기수양을 통해 보이지 않는 세상의 힘에 거역하지 않고 자연에 순응하며 살아가는 덕목을 보여주고 있다는 것이다. 두 고전이 담아내고 있는 것은 지혜로운 인성의 가장 아름다운 모습이라고 할 수 있는 순수와 결백, 온유와 겸양, 사랑과 상생이다.

　영국의 런던시티City of London는 미국 뉴욕의 월스트리트Wall Street에 버금가는 국제 금융의 중심지다. 영국 중앙은행인 영국은행이 여기에 자리 잡고 있고 5,000여 개의 국제 금융기관들이 밀집해 있어 증권, 외환, 선물 거래가 활발히 이루어지고 있는 세계 금융의 심장부다. 이 지역 전체 면적 1평방 마일 안에 근무하는 직장인 30만 명 중에서 10만 명이 금융 전문가이고 영국 국내총생산의 3퍼센트가 여기서 창출된다고 한다.

그런데 그 근처 템스 강가를 거닐다 보면 말쑥한 정장 차림에 시크한 헤어스타일을 하고 지나다니는 젊은 직장인들을 많이 볼 수 있다. 그들 중 상의의 옷깃에 한자 '수水'자가 새겨진 배지를 달고 있는 사람들이 종종 눈에 띄는 것이 퍽 인상적이다. 도대체 물이 금융 전문가와 무슨 상관이 있기에 저런 배지를 달고 다닐까 무척 의아해진다. 노자의 《도덕경》에 "상선약수上善若水(최고의 선은 물과 같다)"라는 구절이 나온다.[17] 영국의 젊은 신사 직장인들의 배지에 새겨진 '수水'자는 이 사자성어에서 따온 글자다. 돈에 대한 탐욕의 결정체들이 모여 있는 세계 금융의 심장부에서 치열한 머니게임에 지칠 대로 지친 국제 금융 전문가들이 최고선을 '물'에서 찾는 것은 어쩌면 당연할지도 모른다.

물이 가지고 있는 가장 핵심적인 성질은 바로 '흐른다'는 것이다. 중국의 현대 작가 루신화盧新華는 '부'는 물과 같다고 했다.[18] 그렇기에 돈의 흐름도 물과 같다. 영어에서 화폐나 통화를 커런시currency라고 하는 것도 조수처럼 흐르는current 돈의 속성을 표현하고 있다. 은행의 창구에서, 증권이나 선물의 거래소에서, 부동산 중개소에서, 심지어 요즈음은 암호화폐 거래소에서 끊임없이 돈이 돌고 돌며 흐른다. 인간이 사는 도처에서 부는 돈의 형태로 흐르는 강물처럼 출렁이고 있다.

그러나 물로부터 배우는 돈의 지혜는 흐르는 속성에만 있지 않다. 물이 수증기가 되어 사라지듯이 영원한 돈은 없다. 또 물이 고여 있으면 썩듯이 돈도 돌지 않으면 썩는다. 로또 당첨이나 상속, 증여처럼 횡재한 돈을 쌓아두고 게으르게 살면 돈은 금방 썩게 되고 얻은 것만큼이나 순식간에 잃게 되는 것은 불 보듯이 뻔하다. 돈의 또 다른 면을 보면 한두 방울씩 떨어지는 낙숫물이 댓돌을 뚫듯이 돈은 부드러움으로 강함을 이긴다.

마지막으로 물이 높은 곳에서 낮은 곳으로 흘러가듯이 돈도 낮은 곳으로 흘러간다. 노자는 《도덕경》에서 사람의 욕심은 부자를 더욱 부자로 만들고 가난한 자를 더욱 가난하게 만들지만, 하늘의 도는 넉넉한 것에서 덜어내 부족한 것에 보탠다고 했다. 자본주의 사회에서 일시적으로 부의 물이 높은 곳으로 흘러가 분배가 왜곡되기도 하지만 이는 최종적인 균형 상태가 아니다. 당나라 시대 두보杜甫의 시에서처럼 역사적으로 부잣집에서 술과 고기 냄새가 진동하는데 길에는 얼어 죽은 이의 해골이 나뒹굴게 되면 세상이 시끄러워진다.[19] 백성들이 더 분노하기 전에 재빨리 부를 재분배해서 사회의 낮은 곳으로 흐르게 하는 것이 유능한 통치자의 덕목이다. 처음에는 돈이 인간의 의지에 따라 위로 흐르기도 하지만, 결국엔 방향을 바꾸어 낮은 데로 흐르게 되어 있다. 이것은 현상이 아니라 본질이며 우리가 흐르는 물로부터 깨달아야 하는 돈의 진리다.

세상의 부질없는 욕망을 버리고 자연에 순응하라는 아우렐리우스의 《명상록》이나 무위자연과 무위무욕으로 자신을 수양하라고 가르치는 노자의 《도덕경》은 우리에게 물처럼 흐르는 돈의 본질을 다시 생각하게 하는 불멸의 고전이다.

제3장

내가 돈의
진정한 주인이다

1. 돈은 신용과 인격의 거울

"돈은 인격이다. 인간의 훌륭한 자질 중 몇 가지는
돈의 올바른 사용법과 밀접한 관계가 있다. – 새뮤얼 스마일스 –

　자본주의 경제의 금융 시스템은 정교하다. 경제학에서 금융 부문을 국민 경제의 혈맥血脈이라 부른다. 인체에 비유해 몸이 실물경제라면, 몸에 흐르는 피는 화폐(돈)라고 할 수 있다. 동맥경화 때문에 피가 제대로 흐르지 못하면 뇌경색이나 심장마비 같은 중병이 생긴다. 마찬가지로 국민 경제에 돈이 제대로 흐르지 않으면 신용경색이 생겨 산업 생산이 위축되고 경제성장이 둔화된다. 화폐금융론은 국민 경제의 이러한 돈의 흐름을 다루는 학문이다. 경제학 중에서 나의 세부 전공 분야이기도 하다. 통화의 공급과 통화량의 개념을 익힐 때 매우 궁금한 것 중의 하나가 중앙은행이 직접 찍어낸 돈보다 몇 배나 되는 통화량이 시중에 유통되는 이유가 무엇이냐는 것이다.

여기서 우리는 중앙은행이 공급하는 본원통화가 금융 시스템에 유입되어 어떻게 파생통화를 창출하는지 그 신용 창조 과정을 이론적으로 간단히 살펴볼 필요가 있다. 그래야 자본주의 화폐경제 시스템에서 중앙은행이 본원통화를 공급했을 때 얼마만큼의 파생통화가 창출되고, 얼마만큼의 총통화량이 시중에 유통되는지 대략 알 수 있게 된다.

중앙은행이 본원통화를 공급하면 예금은행은 수십 배의 파생통화를 창출한다. 파생통화는 예금은행에서 예금→대출→예금→대출로 이어지는 일련의 신용 창조 과정이 반복되면서 생겨나는 돈이다. 우리나라의 경우 시중에 유통되는 총통화량은 본원통화의 20배 정도 된다.[20] 총통화량은 본원통화량과 파생통화량의 합계이므로 총통화량이 100이라면 본원통화량은 5, 파생통화량은 95가 된다. 그러므로 중앙은행이 발행한 본원통화량은 총통화량의 5퍼센트 정도밖에 안 된다. 나머지 95퍼센트는 예금은행이 창출한 파생통화다.

한국은행 발표에 따르면 2017년 말 현재 광의통화M2 평균 잔액 기준으로 우리나라 시중에 유통되는 총통화량은 약 2,500조 원 정도가 된다. 이 중에서 한국조폐공사가 찍어서 한국은행이 시중에 푼 돈, 즉 퇴계 이황, 율곡 이이, 세종대왕이나 신사임당의 초상화가 그려져 있는 지폐나 동전들을 다 합쳐봐야 고작 125조 원밖에 안 된다. 나머지 2,375조 원은 예금은행에서 생겨난 파생통화다. 신용 창조 과정을 거쳐 창출된 파생통화는 아무런 형체도 없는 수치에 불과한 돈이다. 장부상으로만 존재하며 눈에 보이지도 않고 만져 볼 수도 없는 돈이다. 참으로 자본주의 경제의 금융 시스템은 오묘 하고 신기하지 않은가.

내가 처음으로 월급을 받아본 것은 대학에 입학한 후 가정교사 로 아르바이트를 할 때였다. 일주일에 세 번 가정을 방문해 그 당시 대학 입시 전문 서적인 《정통 영어》와 《정석 수학》을 번갈아 가르 치면 학생 부모님으로부터 한 달 뒤 일정액이 들어 있는 하얀 봉투 를 받았다. 이것이 나의 지식과 노동의 대가이구나 하며 마음속으 로 괜히 흐뭇해했던 기억이 난다. 바로 내가 번 본원통화를 내 손으 로 직접 만져보게 된 것이다.

몇 년 후 내가 대학원에 재학 중일 때 5공 군사정부는 모든 과외 를 금지시켰다. 과외를 받거나 과외를 하는 사람은 모두 처벌 대상 이었다. 설상가상으로 국립대학교 등록금이 50퍼센트 가까이 인 상됐다. 나는 할 수 없이 공부하며 돈을 벌 수 있는 직장을 찾아야 했다. 은행에 취직해 일을 시작하자 월급봉투 대신에 급여가 통장 으로 입금되었다. 하지만 손으로 만져볼 겨를조차 없이 통장에 입 금된 급여는 집 생활비로 일부 빠져나가고, 신용카드 사용액으로,

적금으로 빠져나가면서 잔액이 급격히 줄어들었다. 이런 경우는 돈이라는 실체를 만져보지도 못하고 오로지 파생된 통화가 수치상으로만 밀물과 썰물처럼 들어오고 나가는 금융 거래에 불과하다.

그때 나는 좀 허전한 상실감을 느꼈다. 월급이 많고 적음을 떠나 내가 상사들 눈치를 보며 때로는 야근까지 하고 대학원 공부를 병행하며 어렵게 일한 노동의 대가가 단지 몇 자리의 숫자로만 표시되어 취급되다니 허무했다. 본질과 현상이 분리될 때 밀려오는 일종의 텅 빈 허탈감, 아니면 나의 노동이 상품화되어 나 자신이 일로부터 유리되어 느끼는 자기 소외감, 아니면 둘 다인 것 같았다.

숫자로만 들어오고 나가는 돈이 아니라 우리 앞에 번쩍거리는 금덩어리라 하더라도 무용지물이 될 수가 있다. 아라비아 동화에 나오는 금자루가 그렇다. 사막 길에서 대상隊商들이 식량이 다 떨어져 기진맥진하고 있을 때 금덩이가 가득 들어 있는 자루를 발견했다. 그러나 사막에서는 금으로는 빵 한 조각도 살 수 없었다. 아무리 금덩이라도 사막의 모래알보다 더 나을 게 없는 것이다. 하물며 수치로만 표시되는 돈은 어떨까? 실제 돈이 아니라 예금은행에 의해 창출되어 숫자로만 시중에 유통되는 95퍼센트나 되는 파생통화, 바로 통장에 숫자로 들어왔다 숫자로 빠져나가는 돈의 수치가 궁극적으로 의미하는 것이 무엇인지 궁금해진다.

일본 최고의 금융 교육 전문가로 알려진 이즈미 마사토泉正人는 돈이란 신용을 가시화한 것이고 신용은 돈에 의해 가시화된 것이라고 말한다. 돈의 수치가 나타내는 것이 바로 신용의 크기라는 것이다.[21] 예를 들어 프로야구 선수의 연봉은 그가 가지고 있는 경기 능력과 지금까지 달성한 경기 실적에 대한 신용의 결과다. 한국의 괴물 투수 류현진 선수가 소속되어 있는 LA 다저스의 간판 투수인 클레이턴 커쇼Clayton Kershaw는 2017년 메이저 리그에서 가장 높은 연봉을 받았다. 그가 소속 구단과 체결한 7년간 2억 1,500만 달러의 계약은 우리 돈으로 약 2,400억 원에 해당하고 연봉 기준으로는 350억 원에 달한다. 메이저 리그에서 선발 투수가 던지는 평균 투구수를 감안할 때 커쇼가 마운드에서 공 1개를 뿌릴 때마다 대략 1,000만 원을 버는 셈이다. 이런 어마어마한 연봉은 커쇼가 투수로서 방어율, 다승, 탈삼진 등에서 기록한 탁월한 성과가 신용으로 수치화된 것이다.

또 다른 예로 은행이 개인의 신용을 조사해 신용 상태가 우량한 고객에게 낮은 금리 혜택과 더 많은 대출 한도를 부여하는 것도 돈에 의해 가시화된 신용의 크기다. 수입이 안정적이고 부채 관리 상태가 좋고 연체 사실이 없을 때 신용등급도 높아지고 그 신용이 가시화되어 더 많은 수치로 표시된 대출을 받을 수 있다.

다른 측면에서 돈의 수치는 그 사람의 인격을 비추는 거울과 같다. 재무설계사들이 고객에게 투자나 은퇴설계 제안서를 작성해

주기 전에 고객의 재무상태를 먼저 분석한다. 이때 통상 고객의 자산부채상태표와 현금흐름표를 작성한다. 이 두 가지 재무제표를 보면 돈과 관련된 고객의 인격이 어떤지 알 수 있다. 돈을 어떻게 버는지, 투자에 대한 태도는 어떤지, 어디에다 돈을 쓰는지, 무엇을 위해 쓰는지, 위험 관리는 어떻게 하는지, 세금을 얼마나 내는지 등 한마디로 돈에 대한 인격의 완성도를 모두 들여다볼 수 있다. 따라서 돈의 수치 속에는 인격을 비추는 거울이 들어 있다고 할 수 있다.

이제는 통장에 숫자로만 들어왔다 나가는 돈에 대해 더 이상 허탈감이나 소외감을 느끼지 않는다. 지금 돈의 수치가 의미하는 바가 무엇인지 이해하고 있기 때문이다. 내가 돈의 진정한 주인이 되려면 우선 돈이 나타내는 수치는 자신의 신용을 가시화한 것이고, 자신의 인격을 비추는 거울이라는 점을 잊지 말아야 한다. 인생의 후반부에 돈에 대한 인격은 돈을 벌 때보다 쓸 때가 더 빛이 난다. 돈을 벌 때는 시장의 공정한 게임 법칙을 지키면 되지만 쓸 때는 각자의 도덕적인 가치관이 개입되기 때문이다. 돈에 대한 인격은 새뮤얼 스마일스가 말하는 것처럼 돈의 올바른 사용법과 더 밀접한 관련이 있다. 그래서 돈은 개처럼 벌어서 정승처럼 쓰라는 속담이 있는가 보다.

2. 돈의 주인이 되려면
돈의 중심이 되라

"돈은 최선의 종이요, 최악의 주인이다."
– 프랜시스 베이컨 –

캐나다는 여러 이민자들이 함께 어울려 사는 다인종 국가다. 나는 캐나다의 토론토에 거주할 때 몬트리올은행Bank of Montreal에서 몇 년간 근무한 적이 있다. 그때 캐나다인뿐만 아니라 여러 나라에서 온 이민자들까지 다양한 고객들을 만날 수 있었다. 개인재무설계는 고객을 알기 위한 관계 정립으로부터 시작된다. 그다음 단계로 재무 목표를 설정하고 고객의 재무 상황을 분석하기 위한 정보를 수집한다. 이 과정을 진행하다 보면 고객마다 돈에 대한 태도가 사뭇 다르다는 것을 발견할 수 있다.

다음은 가계 경제생활과 관련해 서로 다른 세 명의 고객 사례를 정리한 것이다. 여기에 나오는 이민자들의 출신 국가는 단지 이해

를 돕기 위함이고, 특정인 또는 국가나 인종의 문화·역사적 배경과
아무런 관련이 없음을 밝혀둔다.

[사례 1]

조반니Giovanni는 아버지가 이탈리아 출신으로 캐나다에서 태어난
이민 2세대다. 토론토 다운타운에서 좀 떨어진 주택가 쇼핑몰의 로
또 가게에서 복권을 파는 자영업자이자 중학교에 다니는 딸 둘을 둔
가장이다. 그리 넉넉하지는 않지만 돈 걱정 없는 가정에서 성장해
서 성격이 원만하고 낙천적이라 친구도 많다. 그러나 자신의 재무
문제에 대해서는 별로 신경을 안 쓴다. 복권 판매가 잘 되어 여윳돈
이 생기면 보통 계좌에 그때마다 예금해놓는다. 두 딸의 교육적금은
꼬박꼬박 불입하고 있으나 수익률이 좋은 투자상품에는 별 관심이
없다. 대부분의 캐나다 사람들이 노후 준비와 절세를 위해 매년 불
입하는 개인연금도 거르기 일쑤다. 휴가철이 되면 마이너스통장에
서 여행비를 인출해 가족과 함께 카리브 해에 가서 요트를 즐긴다.
어쩌다가 복권에 당첨되는 고객들을 보면 자기도 언젠가 일확천금
할 기회가 있겠지 하며 막연히 장밋빛 미래를 꿈꾼다.

[사례 2]

류Liu는 중국에서 캐나다로 이주한 이민 1.5세대다. 중국 상하이에

서 태어났고 그곳의 대학에서 컴퓨터공학을 전공했다. 류는 이민을 오자마자 캐나다 주정부가 제공하는 어학 프로그램과 직업교육을 수료했다. 중견 IT 회사의 소프트웨어 엔지니어로 취직이 되어 이민생활에 정착을 잘한 편이다. 당시 중국의 한 가정 한 자녀 원칙에 의해 초등학교에 다니는 아들이 한 명밖에 없다. 부인은 대형 슈퍼마켓에서 파트타임 출납계원으로 일한다. 어린 시절 문화혁명 때 아버지가 하방下放된 적이 있다. 그때 겪었던 경제적 어려움으로 돈에 대한 막연한 두려움과 불안감을 가지고 산다. 어떻게 해서든지 돈을 모아야 한다는 생각에 외식도 거의 안 하고 레저나 여행과도 거리가 멀다. 무조건 여윳돈이 생기면 은행으로 달려와 열심히 저축을 한다. 투자상담사가 뮤추얼 펀드와 같은 수익률이 높은 투자상품에 대해 조언을 해도 투자 경험이 없고 손실에 대한 걱정이 앞서 선뜻 나서지 못한다.

[사례 3]

스미스Smith는 캐나다 현지 출신이다. 스미스는 토론토 대학교에서 역사학을 전공하고 졸업한 후 교사 육성 프로그램을 이수했다. 교사 자격증을 취득한 후 고등학교에서 역사 과목을 가르치고 있다. 부인은 토론토 지역 종합병원에서 간호사로 근무하고 있다. 초등학생 남매를 두고 있는 스미스 부부는 주정부로부터 18세 미만의 아동에게 매월 지급되는 자녀수당을 꼬박꼬박 교육적금에 넣는다. 스미스 부부는 매월 일정 금액을 국민연금과 퇴직연금으로 내고 매년 개인연금 한도를 꽉 채워 불입하고 있다. 은퇴 후에는 세 가지 연금으로부터 퇴직 전 연봉의 70퍼센트의 노후 소득을 확보하는 것이 목표다.[22] 매월 봉급에서 일정 금액을 아껴서 적립식 뮤추얼 펀드에 투자한다. 스미스 부부의 위험 수용 성향은 중립적이어서 주식과 채권에 각각 절반씩 편입하는 혼합형 펀드에 투자한다. 스미스는 예기치 않은 사고나 위험, 질병에 대비해 종신보험과 건강보험도 가입해놓았다. 은퇴 후에는 청소년들을 위한 역사 탐방과 사회적 약자들을 위한 자선봉사 활동을 하며 의미 있는 노후 생활을 해나갈 계획이다.

위 사례에서 세 사람의 가계재무생활과 돈에 대한 태도를 비교해보자. 미국 아메리칸 대학교의 존 리처드슨John Richardson 교수는 사람마다 미래를 준비하는 관점에서 각자의 사고방식이 다르다는 점에 착안해 그 유형을 세 가지로 구분했다. 즉, 미래가 어떻게 되든 그대로 내버려두는 방임형, 과거에 일어났던 일을 걱정하면서 미래를 준비하지도 않은 채 조바심 내며 살아가는 노심초사형, 미래에 일어날 일을 스스로 만들어가는 계획형이 그것이다.[23] 앞의 사례에서 세 명의 고객들을 리처드슨의 기준에 따라 분류해보면, 조반니는 방임형, 류는 노심초사형, 스미스는 계획형에 해당된다.

[표 3-1] 돈에 대한 태도 분류

대분류	세분류
방임형	낭비형, 청빈형, 무관심형
노심초사형	저축형, 신중형, 수동형
계획형	모험형, 중독형, 추진형

리처드슨의 분류 기준을 돈에 대한 태도에 적용해보면 [표 3-1] 처럼 9가지 유형으로 세분할 수 있다. 우선 방임형을 세 가지로 다시 구분해보자. 낭비형은 돈이 생기면 무조건 다 써야 직성이 풀리는 유형이다. 청빈형은 꼭 쓸 돈만 챙기고 돈과 가급적 거리를 두려는 유형이다. 무관심형은 돈이 들어오든 나가든 만사태평하는 유형이다. [사례 1]에서 조반니는 대분류로는 방임형, 세분류로는 무관심형에 가깝다.

노심초사형을 다시 세분화해보자. 저축형은 여윳돈이 생기면 안 쓰고 무조건 저축하고 보는 유형이다. 신중형은 미래가 걱정이 되기는 하나 투자 위험에 항상 조심스러워하는 유형이다. 수동형은 돈에 대한 자신감이 없어 자산 관리에 대한 의사 결정을 스스로 하지 못하는 유형이다. [사례 2]에서 류는 대분류로는 노심초사형, 세분류로는 저축형에 해당된다.

계획형을 세 가지로 구분해보자. 모험형은 즉흥적인 투자를 하며 롤러코스터와 같은 머니게임을 즐기는 유형이다. 중독형은 수

중에 있는 돈에 관계없이 언제나 돈을 벌어야 하는 강박관념에 빠져 있는 유형이다. 추진형은 미래의 계획을 세워놓고 차근차근 추진해나가는 유형이다. [사례 3]에서 스미스는 대분류로는 계획형, 세분류로는 추진형에 해당한다.

당신은 어떤 유형에 해당하는가? 리처드슨의 관점에서 보면 우선 대분류로 계획형이 되어야 한다. 그러나 미래의 목표를 달성하기 위해 모험을 거는 것은 무모하고, 돈의 중독에 빠지면 헤어날 길이 없다. 따라서 돈의 진정한 주인이 되려면 미래에 일어날 일을 스스로 계획하고 추진해나가는 '계획 추진형'이 되어야 한다. 돈에 휘둘리지 않으려면 돈에 대한 자신의 유형이 무엇인지 따져보고 자신이 돈의 중심이 되어야 한다.

3. 돈과 친구가 되기 위한 요건

"돈으로 행복해질 수 있는 건, 다른 아무것으로도
행복해질 수 없기 때문이다." – 제인 오스틴 –

고대 그리스 철학자 아리스토텔레스는《수사학》에서 다른 사람을 설득하기 위해서는 로고스logos, 파토스pathos, 에토스ethos의 세 가지의 언어 기법을 갖추어야 한다고 했다. 여기서 로고스는 논리적이고 과학적인 이성을, 파토스는 열정적이고 정서적인 감성을, 에토스는 신뢰와 인격 같은 윤리적 속성을 가진다. 이러한 수사학에서의 접근 방법을 돈과 행복한 동반자가 되는 방법으로도 활용할 수 있다. 설득이란 화자와 청중이 하나가 되는 과정이다. 마찬가지로 돈과 동반자가 되는 것도 나와 돈이 하나가 되는 과정이기 때문이다. 돈과 친구가 되기 위한 요건을 로고스, 파토스, 에토스의 세 가지 관점에서 각각 살펴보자.

첫째, '로고스' 관점에서 돈을 이성적으로 다루려면 무엇이 필요한가? 우선 돈을 잘 다루려면 돈에 대한 지식이 필요하다.[24] 여기서 말하는 지식은 경제학이나 투자론, 재무 등에 대한 이론 지식 자체가 아니다. 그 대신 실생활에서 돈을 다루는 기술과 방법에 대한 지식을 말한다.

돈을 버는 선순환 구조를 만들라

사람이 경제활동을 하는 유형은 종업원과 사업가로 나눌 수 있다. 종업원은 회사에 고용되어 임금을 받는 봉급생활자다. 사업가는 스스로 자신의 사업을 영위하는 자영업자, 프리랜서다. 찰스 슈와브Charles Schwab의 말처럼 일을 사랑해서가 아니라 돈 때문에 일하는 사람은 돈을 벌지도 못할 뿐만 아니라 즐거움도 얻지 못한다. 따라서 무슨 일을 하든지 자신이 좋아하는 일을 해야 돈을 버는 선순환 구조를 만들 수 있다. 자신이 즐기는 일을 열정적으로 할 때 아이디어와 창의력이 넘쳐나고 높은 생산성이 유지된다.

순현금흐름을 확보하라

순현금흐름Net Cash Flow은 수입과 지출의 차이다. 순현금흐름을 확보하려면 수입을 늘리거나 지출을 줄여야 한다. 수입은 조정하는 데 시간이 걸리므로 지출을 줄이는 것이 더 용이하다. 순현금흐름이 확보되어야 자산부채상태표상의 자산이 커진다. 부자일수록 지출 관리에 신중하다. 그들은 충동구매나 남에게 보여주기 식의 지출을 절대로 하지 않는다. 부자는 자신의 지출이 투자냐 소비냐를 구분할 줄 아는 탁월한 감각을 가지고 있다.

순자산을 키워라

순자산이란 자산에서 부채를 뺀 것이다. 순자산을 키우려면 자산을 늘리거나 부채를 줄여야 한다. 자산을 증식하기 위해서 효율적인 자산 관리 전략을 수립해야 한다. 다른 한편으로 적정한 부채 관리로 신용을 유지해야 한다. 부채는 소득 대비 상환 능력 범위 내에서 차입해야 한다. 돈을 빌려 투자하는 레버리지 투자는 신중하게 해야 한다. 신용카드도 부채 관리 대상이다. 고소득 연예인이나 프로 선수들이 신용불량자나 개인 파산자가 되었다는 어처구니없는 얘기를 종종 듣는다. 수입만 생각하고 무모한 투자를 하거나 부채를 끌어다 신규 사업에 손을 댔다가 낭패를 당한 경우다.

위험을 관리하라

투자의 세계는 보이지 않는 위험과 불확실성으로 가득 차 있는 어두운 바다와 같다. 미래에 대한 예측은 대개 과거의 정보에 기초하기 때문에 정확하지 않다. 노벨 경제학상을 받은 저명한 경제학자조차도 글로벌 금융위기를 사전에 예측하지 못했다. 월스트리트의 투자 수익률 게임에서 내로라하는 펀드매니저들이 침팬지에게 패배한 어처구니없는 일화도 있다. 자신이 감당할 수 있는 위험의 범위 내에서 투자 포트폴리오를 구성하는 것이 효율적 자산 관리의 첫걸음이다.

둘째, '파토스' 관점에서 감성적으로 돈을 잘 다루려면 무엇이 필요한가? 위의 로고스 관점에서 돈을 다루는 것이 지식과 기술이라면, 파토스 관점에서 돈을 다루는 것은 지혜와 예술에 해당한다.

돈과 눈높이를 맞추라

자신의 몸에 맞는 옷이 있듯이 돈에 대한 눈높이도 자신의 가치관에 따라 적절하게 맞추는 것이 중요하다. 돈과 행복의 상관관계가 소멸되는 경계를 파악하면 돈에 대한 눈높이를 어렵지 않게 조절할 수 있다. 부의 규모가 커지는 것에 비례해 관리 및 유지 비용이 늘어나고 돈 문제로 다툼도 잦아질 수 있다. 무엇인가를 소유한다는 것은 다른 한편으로 무엇인가에 얽매이게 되는 것이다.[25] 따라서 돈에 대한 눈높이를 과도하게 높이면 가진 것에 더 많이 구속되게 된다.

돈의 흐름을 정서적으로 이해하라

경제 내에서 돈은 흑자 경제 주체에서 적자 경제 주체로, 또 그 역방향으로 끊임없이 순환한다. 예금으로 은행에 맡기거나 증권사에서 주식이나 채권을 사거나 보험사의 변액상품에 보험을 든다. 금융기관은 고객의 돈을 대출·투자 자금으로 운용한다. 자신의 돈이 예금통장의 잔액이나 주식 잔고로 금융 회사에 맡겨져 있지만, 경제 내에서 나의 이름표가 붙어 돌아다니는 돈은 없다. 이러한 돈의 흐름을 정서적으로 이해하면 지출되는 돈을 무조건 두려워한다거나 통장에서 줄어드는 잔고에 대해 막연히 불안해하지 않게 된다.

돈에 대해 겸허하고 감사하라

시장의 법칙은 항상 냉정하다. 산이 높으면 골이 깊듯이 돈을 잘 벌 때일수록 위기를 관리해야 한다. 적정한 수익에서 만족하는 것이 겸허한 마음이다. 돈의 부족함을 탓하기 전에 지금 가지고 있는 돈에 먼저 감사해야 한다. 많은 돈을 가지고 있더라도 감사하지 못하면 늘 불행하다. 불행은 악순환의 고리를 만든다. 돈을 벌어 행복한 것이 아니라 행복해서 돈을 벌게 되는 것이다. 이러한 행복의 선순환은 돈에 대해 겸허하고 감사하는 마음에서 시작된다.

풍요로운 부자가 되라

풍요롭다는 의미를 가진 영어 단어 'affluent'의 어원은 '자유롭게 흐르다'라는 뜻의 라틴어 'affluere'에서 유래하였다. 따라서 풍요로운 부자란 돈을 많이 가지고 있는 사람이 아니라 자유롭게 받아들이고 기꺼이 나누는 사람이다. 인간이 가지고 있는 돈이란 이 세상에 살면서 자신에게 잠시 맡겨진 것이다. 풍요로운 부자는 돈에 대한 소유를 주장하지 않는다. 대신에 자기 쪽으로 돈이 흘러들어 오게 하며 들어온 돈을 풍요롭게 나눈다.

셋째, '에토스' 관점에서 돈은 윤리적으로 다루어져야 한다. 경제사상사를 보면 원래 경제학의 뿌리는 윤리학이다. 근대 경제학의 아버지 애덤 스미스Adam Smith는 《국부론》을 쓰기 전에 출간한 《도덕감정론》에서 경제학이란 도덕철학의 일부라고 보았다. 자유 시장과 사회 공동체에서 도덕과 덕성이 기본이 되어야 한다는 것이 그의 생각이다. 따라서 돈을 벌 때나 쓸 때 거래 상대방과의 신뢰가 존중되어야 하고 공명정대한 인격적 관계가 유지되어야 한다. 특히 고객의 돈을 다루는 금융 전문가의 경우 자신의 이익에 앞서 고객의 이익을 우선적으로 살펴야 한다. 이것이 바로 금융 전문가가 갖추어야 할 제일의 덕목이다.

정리하자면 돈과 친구가 되려면 세 가지 요건을 충족시켜야 한다. 돈을 이성적으로 다루는 데 필요한 '지식'을 가져야 하고, 돈과 감성적으로 친해지기 위한 '지혜'를 겸비해야 하며, 돈 앞에 부끄러움이 없는 '윤리'를 갖추어야 한다. 윤리를 기본으로 하고 그 위에 이성과 감성이 균형을 이룬다면 돈과 안정적인 동반자 관계가 구축되어 서드 에이지 시대의 인생 전환점에서 후반부를 행복하게 준비해갈 수 있다. 윤리는 경제생활의 신뢰를 지켜주는 가장 기본적인 버팀목이고, 그 위에 좌우로 치우침 없는 이성과 감성의 균형추가 돈으로부터의 자유와 행복을 흔들림 없이 유지해줄 수 있기 때문이다.

4. 돈으로부터의 자유

> "눈에는 빛이, 폐에는 공기가, 가슴에는 사랑이,
> 영혼에는 자유가 필요하다." – 로버트 잉거솔 –

처음으로 미국 뉴욕에 갔을 때 허드슨 만 입구에 횃불을 치켜들고 있는 거대한 조각상이 퍽 인상적이었다. 프랑스가 미국 독립 100주년을 기념해 선물한 '자유의 여신상Statue of Liberty'이다. 나는 여행객이었지만, 아메리칸 드림을 안고 뉴욕 항구로 들어오는 이민자들에게는 제일 처음 만나게 되는 자유의 상징물이다. 자유의 여신상의 오른손에는 횃불이, 왼손에는 독립선언서가 들려져 있다. 한편 뉴욕에서 95번 고속도로를 따라 세 시간 반 정도 이동하면 미국의 수도 워싱턴에 도착한다. 그곳에서 국회의사당 돔의 맨 꼭대기에 서 있는 또 다른 자유의 상Statue of Freedom을 볼 수 있다. 머리에 헬멧을 쓰고 손에 칼을 든 조각상에는 '다수로부터의 하나

E'pluribus unum'라는 문구가 새겨져 있다. 이는 미국 국장國章의 앞면에 나오는 문구로 다양한 이민자로 구성된 미국의 정체성을 잘 보여주고 있는 표어다.

뉴욕과 워싱턴에 있는 두 조각상이 상징하는 핵심 단어가 하나는 'liberty'이고 다른 하나는 'freedom'이다. 둘 다 자유라고 번역되는데 막상 동양의 고전을 뒤져보아도 자유自由라는 한자어는 나오지 않는다. 왜 그럴까?

자유라는 단어가 동양권에서 쓰이기 시작한 것은 그리 오래전이 아니다. 19세기 중반 일본 메이지 시대의 신지식인들이 'liberty'와 'freedom'을 '자유'라고 번역해 쓰기 시작한 때부터다. 개항기 근대화 이전까지 동양권에는 역사·문화적 자유에 대한 개념조차 없었다. 개념이 없으니 문자가 없는 것은 당연하다. 중앙집권적인 정치 체제와 유교 중심의 정신세계에서 개인보다는 가문, 가문보다는 국가가 우선시되었다. 수직적 사회 구조와 집단주의 문화를 특징으로 하는 전통적인 동양 사회에서는 개인을 중심으로 하는 자유의 가치가 존재할 수 없었다. 개인의 가치는 가문과 국가에 의해 억압되고 희생되었기 때문이다.

여기서 더 궁금한 것은 한자 문화권에서 자유라고 번역된 영어의 'liberty'와 'freedom'의 의미상의 차이다. 사전적 의미로 liberty는 행위를 제한하는 조건이 없는 상태, 즉 무엇이나 하고 싶은 것을 행할 수 있는 권리를 말한다. 반면에 freedom은 어떠한 외부적인 압력이나 통제가 없는 상태를 의미한다. 부연하자면 liberty는 공동체 내에서 합의 과정을 거쳐 구성원 누구에게나 제한 없이 공통적으로 보장되는 사회적 자유이고, freedom은 억압이나 구속 없이 누릴 수 있는 개인적인 자유다. liberty는 공동체 안에서 그 누구도 제약할 수 없지만, freedom은 다른 사람과 충돌될 경우 제한될 수 있다. 예를 들어 내가 흡연을 하는 자유가 다른 사람에게 간접흡연이 될 경우 내가 담배를 피울 자유는 성립되지 않는다.

따라서 liberty는 인간의 자유의지나 존엄을 나타내고, freedom은 문자 그대로 내 마음에 거리낌 없는 상태를 나타내는 개념에 가깝다. 프랑스 대혁명 때 구호로 외쳤던 자유나 헌법에서 보장하는 인간다운 삶을 위한 자유는 liberty를 의미한다. 반면에 1970년대에 금지곡으로 지정되었던 김민기의 〈아침 이슬〉, 한대수의 〈물 좀 주소〉와 같은 노래를 유신 체제가 붕괴된 후 마음대로 부를 수 있게 된 것은 freedom에 속한다. 따라서 뉴욕 자유 여신상의 liberty는 인간에게 보편적인 광의의 자유를 나타내고, 워싱턴의 국회의사당에 있는 조각상의 freedom은 영국 식민 통치의 억압에서 벗어나 신대륙의 청교도들이 구속 없이 살아갈 수 있는 협의의 자유를 의미한다.

그러면 '돈으로부터의 자유'에서의 자유는 어디에 해당될까?

liberty보다는 freedom에 더 가깝다고 할 수 있다. 왜냐하면 돈에 관련된 자유는 사회 공동체에서 합의된 것이 아니라 대부분 개인적인 선택이나 의사 결정의 문제와 연관되어 있기 때문이다. 개인이 사용하는 돈은 자신의 돈에 대한 태도, 철학, 지식, 경제생활의 방법에 따라 그 의미가 사뭇 달라진다. 같은 규모의 재산을 가졌다 하더라도 어떤 이는 돈으로부터 자유롭게 살아가는 반면 다른 이는 돈의 노예로 살아가는 경우가 허다하다.

사람들이 돈으로부터 자유롭지 못하고 돈 문제에 얽매여 사는 것은 다음 다섯 가지 중 하나 이상의 상태에 빠져 있기 때문이다. 즉 돈으로부터 억압oppressed받고 있는 경우, 돈으로부터 제한limited받고 있는 경우, 돈으로부터 통제controlled받고 있는 경우, 돈으로부터 강요forced받고 있거나, 돈으로부터 손해를 입고lost 있는 경우다. 이 문제를 좀 더 구체적으로 깊이 있게 들여다보자.

첫째, 돈으로부터 억압받는 이유는 돈을 물신처럼 숭배하기 때문이다. 샤머니즘의 미혹에 빠져 있는 사람처럼 주술사에게 맹목적으로 의존하고 돈의 멍에에서 헤어나지 못하고 있는 상태와 같다. 이런 부류에 속하는 사람들은 돈이 없을 때는 돈 탓을 많이 하지만, 막상 부자가 되더라도 돈에 대한 불안과 두려움 때문에 통장에 쌓아두기만 한다.

둘째, 돈으로부터 받는 제한은 돈의 부족함 때문에 생겨난다.

당연히 기본적인 의식주에 필요한 돈이 없다면 정상적인 경제생활에 제약이 있게 마련이다. 돈의 자유가 보장되는 경계가 어디까지인지는 각자의 돈에 대한 태도와 삶에 대한 가치관의 문제에 달려 있다.

셋째, 돈으로부터 통제를 받고 있는 것은 돈에 대한 지나친 욕망 때문이다. 인간의 욕망은 만족을 전제로 한다. 만족은 경제학에서 효용과 같은 개념이다. 자원은 희소한데 욕망이 끝이 없으면 경제 행위가 통제될 수밖에 없다. 특히 돈에 대한 욕망이 채워졌을 때 얻는 만족은 새로운 욕망을 낳고 이러한 욕망의 확대 재생산 과정은 욕망의 밧줄이 끊어질 때까지 계속된다. 이러한 문제로부터 벗어나는 방법은 제2장의 〈돈의 속성〉에서 언급한 폴 새뮤얼슨의 행복 공식에 해답이 있다.

넷째, 돈으로부터 무엇인가를 강요받고 있다면 돈에 대한 목표가 없기 때문이다. 돈에 대한 목표 설정은 현재 재무적으로 어디에 있는가Where am I now?와, 미래에 어디로 가고자 하느냐Where am I going in the future?의 사이에 있는 갭을 발견하면 쉬워진다. 이러한 목표가 없을 때 돈이 부족하면 부족한 대로, 풍족하면 풍족한 대로 더 벌어야 한다는 강박관념에 사로잡히고 만다.

다섯째, 돈에 손실이 생기는 경우는 대부분 투자의 실패에 기인한다. 투자 세계는 불확실성과 위험의 파도가 넘실대는 검은 바다와 같다. 자신의 위험 수용 성향을 제대로 파악해 감당할 수 있는 위험의 범위 내에서 현명한 투자를 해야 돈의 자유를 지킬 수 있다.

결국 돈으로부터 자유로워지려면 돈에 대한 물신숭배를 버리고, 과부족 상태에서 벗어나며, 돈에 대한 욕망의 끈을 끊어버리고, 목표를 설정해 돈에 대한 강박관념을 없애며, 투자 위험 관리를 효율적으로 해야 한다. 생각을 넓혀보면 우리의 경제생활에서 돈으로부터의 자유는 나만의 freedom을 넘어 내가 속해 있는 공동체의 liberty를 가능하게 할 것이다.

5. '돈 장애' 함정의 탈출

개인 또는 가계는 기업, 정부와 함께 국민 경제를 구성하는 3대 경제 주체 중의 하나다. 개인은 기업에 고용되어 일한 대가로 근로소득을 받는다. 자영업을 하면 사업소득으로 수입을 얻는다. 개인은 정부에 소득세를 납부하고 기업이 생산한 재화와 용역을 소비하며 경제생활을 영위한다. 수입에서 지출하고 남은 돈을 은행에 예금하거나 투자하고 보험을 들기도 한다. 주택을 구입할 때 부족한 자금은 대출을 받아 충당한다.

이러한 모든 경제활동에는 거래 당사자 간에 돈의 흐름이 수반된다. 대부분의 개인 소비자들이 건강한 가계 경제생활을 꾸려나간다. 하지만 돈을 잘못 관리해 신용불량자가 되고 개인 파산을 당하는 사람들도 허다하다. 더구나 돈과 관련한 심각한 문제로 가정이 파탄나는 경우도 있다.[26] 다음은 실제 있었던 사례다.

남편 K씨는 결혼 후 월급과 수당을 아내인 P씨에게 주어 이를 관리하도록 했다. 아내는 가사를 전담하는 전업주부로 생활을 꾸려나갔다. 부부는 결혼 전에 모은 돈과 은행에서 담보대출을 받아 다세대주택을 매수하고 아내 명의로 소유권 이전 등기를 마쳤다. 부부는 대출금을 빨리 갚기 위해 여행이나 외식도 거의 하지 않고 근검절약하며 살았다. 이러한 노력의 결과로 3년 만에 모든 채무를 갚을 수 있었다. 그러나 문제는 대출금을 모두 변제하고 나서부터였다. 아내는 기존의 검소하던 생활에서 벗어나 사치를 부리고 가사를 게을리 하기 시작했다. 뿐만 아니라 은행에 예치되어 있던 예금 5,800만 원을 인출해 이 중에서 2,000만 원을 남편 몰래 유흥비와 도박에 사용하기도 했다. 이러한 사실을 알게 된 남편이 책망하자 남은 돈 3,500만 원을 돌려주고 집을 나갔다. 아내가 가출한 후 남편은 아내가 다세대주택을 담보로 5,600만 원을 대출받은 사실을 확인하고 가정법원에 이혼 소송을 제기했다.

위 사례에서 아내 P씨의 사치 생활, 유흥비 지출, 과다 부채 등 비정상적인 경제 행위는 돈과 관련한 정신·심리적 문제로 생겨난 것이다. 바로 돈의 장애 때문이다. 돈 장애money disorder란 돈과 관련해 지속적인 문제를 유발하는 심리 · 정신적인 불균형 상태를 말한다.[27] 돈 장애는 주로 정서적 어려움 때문에 생겨난다. 돈 장애가 있는 사람은 풀리지 않은 정서적 혼돈 상태에 매몰된 행동을 보이기 때문이다. 이러한 비정상적인 재무 행동은 재무적 중압감을 느끼거나 재무적 자원을 적절하게 사용할 능력이 없는 사람에게서 많이 나타난다. 돈 장애에 빠지면 경제생활에 적응하지 못하고 심각한 임상적인 고통을 체험하거나 사회·직업적 측면에서 장애를 수반하게 된다. 돈 장애로 나타나는 증상은 자신의 현재 재무 상황에 대한 분노, 걱정, 실망으로 나타난다.

몇 년 전 미국 캔자스 주립대학교의 소냐 브릿Sonya Britt 교수가 자신이 지도하는 박사과정 학생들과 함께 한국을 방문한 적이 있었다. 나는 브릿 교수와 함께 방문한 학생들에게 한국의 개인재무설계 현황에 대해 프레젠테이션을 했다. 브릿 교수의 연구 분야는 돈 장애와 재무 치료 이론Financial Therapy Theory이다. 브릿 교수는 같은 대학의 교수들과 함께 재무 치료 포럼을 시작했고 이것이 기반이 되어 미국에서 2010년 재무치료협회Financial Therapy Association가 발족되었다. 재무 치료란 '재무적 그리고 치료 역량에 의해 검증된 실습과 조정을 통해 사람들의 돈에 대한 생각, 느낌, 행동을 변화시킴으로써 전체적인 삶의 안녕감을 증진시키는 프로세스'로 정의

된다.[28] 캔자스 주립대학교에서 재무 치료를 연구하는 브릿의 동료 교수인 브래들리 클론츠Bradley Klontz는 공동연구 논문에서 돈 장애로 야기되는 비정상적인 재무 행동의 유형을 다음과 같이 분류했다.[29]

첫째, 구매 강박장애다. 쇼핑에 중독되거나 지출 통제가 안 되는 등 구매를 억제하지 못하는 심리적 장애다. 분노, 우울감, 자존심 결여, 낭비벽이 있을 때 생겨나며 자신의 문제를 잊기 위한 회피 수단으로 마구잡이식으로 물건을 구매한다. 주로 젊은 미혼 여성, 저소득층, 교육 수준이 낮은 사람들에게서 나타나는 장애 행동이다.

둘째, 도박증이 병적일 정도로 심한 장애다. 돈만 있으면 도박 충동을 느끼며 도박으로 스트레스를 푼다. 정신장애에 속하며 지속적인 증상을 보이고 재발하기 쉽다. 주로 보유 재산이 적은 미혼 남성들에게 나타난다.

셋째, 비축 강박장애다. 소유물에 지나치게 집착해 아무리 가치가 없는 물건도 쌓아둔다. 돈도 모으기만 하고 쓸 줄은 모른다. 돈을 쓰거나 물건을 버리면 자신의 일부가 사라지는 듯한 상실감을 느낀다. 이는 연령과 소득에 관계없이 합리적이지 않은 생각과 행동을 강박적으로 반복하는 불안장애에 시달리는 사람들에게 나타난다.

넷째, 여윳돈도 없으면서 남에게 맹목적으로 돈을 베푸는 장애다. 친구나 가족이 돈을 달라면 거절하지 못한다. 요구에 응하지 않으면 자신이 소외될 수도 있다는 불안감에 휩싸인다. 막상 돈을 준 다음에는 분노감을 느낀다. 주로 젊은 미혼자에게 많이 나타나며 교육 수준이 낮고 부유하지 않은 가정에서 성장한 경우가 많다.

다섯째, 돈 문제에 무관심한 경향이다. 은행의 예금 잔고조차 보지 않으려고 한다. 돈에 관한 것이라면 무조건 회피하려고 한다. 주로 젊은 미혼 여성, 교육과 소득 수준이 낮은 경우가 많고 카드 부채를 많이 지는 경향이 있다.

이밖에도 일 중독에 빠지거나 재무적 의존성을 나타낼 수도 있고, 자신의 돈 문제에 자녀들을 같이 얽어매는 부적절한 행동을 하기도 한다.

만일 누군가가 위와 같은 유형의 행동장애를 보인다면 재무 치료를 받아야 한다. 그러나 돈 장애와 이로부터 야기되는 비정상적 행동에 대한 재무 치료 이론은 역사가 짧고 아직 진화하는 단계에 있다. 재무 치료의 궁극적인 목적은 재무적 건강financial health을 회복해 삶의 안녕감을 증진시키는 데 있다. 일반적으로 재무 치료는 재무설계 전문가와 정신 치료 전문가가 동시에 참여하는 공동 모델collaboration model을 통해 진행된다. 실무적으로 재무설계 개념과 경험 치료법을 결합한 재무 상담과 금융 교육을 통해 돈 문제를 일

114

으킨 경험적 요인을 찾아내고 돈 장애로 나타나는 증상을 치료하게 된다.

앞의 이혼 소송 사례에서 아내 P씨는 빚을 갚고 난 후 돈 장애가 시작되었다. 정서·심리적 문제로 인한 구매 강박장애로 사치를 일삼고 낭비벽에 빠졌고 병적인 도박증에 의해 남편 몰래 대출을 받아 유흥비와 도박에 돈을 탕진했다. 사전에 적절한 재무 치료 프로그램을 통해 전문가를 만나 도움을 받을 기회가 있었더라면 가정 파탄에 이르는 것은 막을 수도 있었을 텐데, 아쉬움이 남는다. 절제와 균형 잡힌 소비 생활로 돈 장애라는 함정에 빠지지 않도록 항상 자기 자신과 주변을 돌아보는 세심한 주의가 필요하다.

6. '알로하': 돈에 관한
최고 성숙의 단계

> "비록 나는 부의 축복에 감사하지만,
> 부로 인해서 내가 달라지지는 않았다." – 오프라 윈프리 –

　1980년대 중반 구창모의 〈아픈 만큼 성숙해지고〉라는 노래가 20~30대 젊은 층으로부터 폭넓은 인기를 끌며 히트곡이 된 적이 있다. 우리의 일상생활에서 '성숙'이라는 말만큼 자주 듣고 쓰는 단어도 드문 것 같다. 발달심리학에서 사용하는 성숙 이론이라는 학술 용어가 있다. 경제학의 경제발전론에서도 성숙기에 해당되는 경제성장 단계가 있다. 종교인들도 영적인 성숙이라는 표현을 자주 쓴다.

　미국의 하버드 대학교 고든 올포트Gordon Allport 교수는 성격심리학의 세계적인 권위자다. 올포트는 인간의 정신이 무의식적인 힘에 의해 지배를 받는다는 지그문트 프로이트와는 달리 건강한 성격을 가진 사람들은 이성적이고 의식적인 차원에서 행동한다고 보았다. 올포트가 이상적으로 생각하는 인간상은 긍정적이고 낙관적이며 희망에 차 있고 건강한 성격을 가진 사람들이다. 사람들이 건강한 성격을 가지면 성숙한 인격을 보이게 된다. 인간의 '성숙도'는 확장된 자아감, 타인과의 친밀감, 안정된 정서, 현실적인 지각 능력, 과업 지향적 행동, 객관적 자아, 일관성 있는 인생철학 등을 특징으로 한다.[30]

하지만 돈의 성숙 과정을 연구한 사람은 심리학자나 정신분석학자와 같은 이론 연구가가 아닌 회계사 출신의 재무설계 전문가다. 바로 하버드 대학교 출신의 회계사이며 국제재무설계사CFP 자격자이기도 한 조지 킨더George Kinder다. 1990년대 중반 미국에서 태동하기 시작한 라이프 플래닝Life Planning의 창시자 중의 한 사람인 그는 킨더 인스티튜트Kinder Institute를 설립해 전 세계 30개국에서 3,000명 이상을 대상으로 고객 상담 및 인생 설계 교육을 해왔다.

킨더는 30년 가까이 고객을 상담하면서 사람들의 돈에 대한 태도, 돈으로부터 느끼는 감정, 돈과 인생의 의미 등에 깊은 관심을 가지게 되었다. 킨더는 장기간 관계를 유지해온 고객들의 돈에 대한 깊은 성찰에서 우러나오는 내면의 소리에 귀를 기울였다. 킨더는 사람들이 돈으로부터 해방되어 진정한 평화, 자유, 안전함에 도달할 수 있는 해법을 제시하기 위한 책을 펴냈다. 바로 《머니 머츄

어리티The Seven Stages of Money Maturity》라는 저서다. 킨더는 상담을 통해 만난 고객이나 자신의 강의에 참석한 수강생들이 돈을 어떻게 생각하는지, 돈과의 관계는 어떤지, 돈과 인생의 가치에 대해 바라는 소망이 무엇인지를 고객일지에 정리했다. 다음은 그의 저서에서 발췌한 내용 중 일부이다.

"돈으로부터 자유로워지고 싶어요."

"돈과 삶 사이에 균형을 유지하며 살고 싶어요."

"돈을 버는 것보다 일에서 가치를 발견할 수 있게 되기를 원해요."

"얼마를 버는 것에 연연하지 않고 의미 있는 방식으로 세상에 기여하며 살고 싶어요."

"돈을 위해 나의 정체성을 포기하거나 고귀한 가치까지 희생시키고 싶지는 않아요."

"풍요로운 인생을 살고 싶어요. 하지만 돈이 인생의 전부가 아니라고 생각해요. 그러나 돈 없이 풍요롭게 살 수 없다는 것도 잘 알아요."

위의 고객일지를 보면 고객들이 돈으로부터의 자유를 얼마나 열망하는지 알 수 있다. 또한 인생의 의미와 가치에 대한 소망이 간절함도 알 수 있다. 돈의 가치를 부정하는 사람은 아무도 없다. 그러나 돈에 얽매인 노예로 살아가기는 싫다. 돈에서 해방되어 풍요로운 삶의 의미를 찾는 것이 인생의 궁극적인 지향점이다.

나는 2009년 미국 캘리포니아의 애너하임 컨벤션 센터에서 개최된 미국FP협회Financial Planning Association 연차 컨퍼런스에 참석한 적이 있다. 애너하임은 로스앤젤레스 국제공항에서 남동쪽으로 50킬로미터 정도 떨어진 디즈니랜드가 있는 도시로 유명하다. 아름다운 야자수로 뒤덮여 있는 이국적인 도시다. 컨퍼런스의 예비 강좌로 킨더 인스티튜트가 제공하는 '돈이 성숙되어가는 7단계' 프로그램을 수강했다. 이틀간의 워크숍으로 열린 이 과정은 킨더 인스티튜트의 전임 강사인 메리 짐머만Mary Zimmerman에 의해서 진행되었다.

돈이 성숙되어 가는 7단계란 무엇인지 좀 더 구체적으로 살펴보자. 우선 사람들은 누구나 어린 시절childhood에 돈에 대한 '무지'로 '고통'을 받는다. 성인기adulthood가 되면 돈에 대한 올바른 '지식'과 '이해'로 '활력'을 찾게 된다. 인생의 성숙기maturity에 이르면 삶을 바라다보는 '비전'에 눈이 뜨이고, 마지막으로 세상을 움직이는 부드러운 힘인 '알로하aloha' 상태에 도달하게 된다. 하와이에 가면 공항에서부터, 식당, 은행, 관공서에 이르기까지 어디를 가나 알로하라는 말을 흔히 들을 수 있다. 알로하는 하와이 원주민의 말로 애정, 평화, 연민, 자비를 뜻한다. 이러한 의미에서 알로하는 사람과 돈과의 관계가 최고로 성숙된 상태다. 다른 사람들에게 아낌없이 베풀고 인생의 값진 면류관을 쓰는 마지막 성숙 단계라고 할 수 있다. 따라서 알로하에 이르게 되면 돈이라는 울타리에서 빠져나와 참된 자유를 얻고 삶의 의미와 가치를 발견함으로써 인생 최고의 행복에 다다를 수 있게 된다.

킨더의 이러한 접근 방법은 재무설계가 재무적 목표 달성을 중시하는 전통적 재무설계로부터 돈과 인생을 동시에 아우르는 라이프 플래닝으로 발전해나가는 데 초석이 되었다. 재무설계의 영역을 비재무적 요소를 포함하는 인생 전체로까지 확대하는 새로운 패러다임으로 자리 잡게 한 것이다.

워크숍을 수료하는 마지막 시간에 수강생들이 서로의 소감을 이야기하는 순서가 있었다. 나는 돈이 성숙되어가는 7단계 중에서 어디까지 와 있는지 나 자신을 되돌아보았다. 나는 가난하게 자랐던 어린 시절의 돈에 대한 무지와 고통의 단계를 치유할 겨를이 없었다. 그대로 성인기에 접어들어 교육을 통해 얻은 금융과 경제에 대한 지식과 이해만을 통해 활력을 얻고자 했다. 바로 돈의 성숙 과정 중 3단계에서 5단계 사이에 머물러 있는 모습이 나의 현주소라는 것을 깨달았다.

짐머만은 나에게 돈으로부터 자유로워지려면 먼저 어린 시절에 형성된 돈에 대한 무지와 막연한 불안감, 두려움을 떨쳐내야 한다고 조언했다. 돈에 대한 고정관념을 끄집어내어 없애는 것이 성숙한 돈을 향한 첫걸음이기 때문이다. 그때부터 무조건 돈을 벌어야 한다는 강박관념에서 벗어나 일과 레저 생활의 균형을 유지하고, 돈보다는 일을 통해 삶의 의미를 찾으며, 돈이 들어오고 나가는 것에 대해서 그 무엇이나 감사하게 받아들이는 습성을 기르게 되었다. 이제 나의 삶이 풍요로운 비전을 바라보며 알로하에 이르게 되는 날을 향해 또 다른 알 껍질을 깨고 나와야 함을 절실히 느낀다.

위와 같이 우리가 돈이 성숙되는 단계를 잘 이해함으로써 서드 에이지 시대에 돈의 진정한 주인이 되고, 올포트 교수가 바라는 긍정적이고 낙관적이며 희망에 차 있는 성숙한 인격으로 거듭나길 소망한다.

7. '화폐 환상'에
휘둘리지 않을 용기

"화폐는 화폐가 하는 일 그 자체다."
– 존 힉스 –

경제사를 다시 한 번 들여다보자면 원시적인 자급자족 생활에서 시작된 인류의 경제활동은 물물교환 경제를 거쳐 화폐경제로 이행하면서 많은 변모를 거듭해왔다. 자급자족 시대에 생산성의 획기적인 향상으로 잉여가 발생하면서 물물교환 경제가 출현했다. 제2장의 〈머니 속에 숨겨진 진실〉에서 살펴보았듯이 물물교환 시대에는 교환하는 사물들에 대한 판매자와 구매자의 이중적 욕망이 일치해야 거래가 이루어지는 제약이 있었다. 예를 들어 쌀을 팔고 과일을 사려는 사람과 과일을 팔고 쌀을 사려는 사람이 동시에 있어야 물물교환이 성사될 수 있었다.

그러나 이 제약 조건이 충족되는 교환에는 많은 거래 비용이 수

반된다. 물물교환에 수반되는 이러한 거래의 제한성을 해결하기 위한 매개 수단으로서 화폐가 출현했다. 상호 간에 서로 신뢰할 수 있는 돈만 있으면 원하는 물건이 달라도 이를 매개로 교환이 발생할 수 있게 된다. 화폐가 교환의 매개 수단medium of exchange으로서의 기능을 수행하기 때문이다. 설사 사람들이 교환하려는 욕구의 대상이 일치하지 않는다 하더라도 화폐만 있으면 거래 비용을 부담하지 않고 편리하게 거래가 이루어질 수 있게 된 것이다.

또한 화폐는 교환되는 상품의 가치를 측정해준다. 화폐경제하에서 모든 재화와 용역의 가치는 화폐 단위money unit로 표시된다. 어느 나라에서나 자국의 독특한 화폐 단위가 있다. 원, 달러, 엔, 유로 등이 그것이다. 화폐는 길이를 재는 줄자처럼 화폐경제 내에서 거래되는 상품들의 가치를 측정해준다. 이것이 바로 화폐가 가지는 가치척도 또는 회계의 단위unit of account의 기능이다. 따라서 동일한 화폐 단위를 사용하는 화폐경제 내에서 개별 상품의 가치는 서로 쉽게 비교될 수 있다.

화폐의 기능은 여기에서 그치지 않는다. 사람들은 대개 돈이 생기면 즉시 그 돈으로 소비하지 않는다. 미래에 특정한 소비 욕구가 생길 때까지 돈을 보유하고 있다가 나중에 필요한 물건을 구입한다. 다시 말해 돈을 보유함으로써 현재의 구매력을 미래로 이전시키는 것이다. 이렇듯 구매력의 이전이 가능한 것은 화폐가 가치 저장store of value의 수단으로 기능하기 때문이다. 주식이나 채권도 가치 저장 기능을 가지고 있지만, 화폐가 가지고 있는 교환의 매개 수단이나 회계 단위로서의 본원적인 기능은 가지고 있지 않다. 또한 화폐는 매우 높은 유동성liquidity을 가지고 있다는 점에서 각별하다.

이상과 같은 화폐가 가지는 유용한 기능 덕분에 자본주의의 화폐경제는 실물경제와 함께 국민 경제의 한 축을 담당하면서 안정적인 경제 하부구조economic infrastructure를 제공했다. 그러나 경제 주체들이 경제활동을 하면서 화폐경제에 휘둘리지 않으려면 다음과 같은 점에 각별히 유의해야 한다.

우선 화폐 환상Money Illusion에 현혹되지 말아야 한다. 화폐 환상이란 개념을 이해하기 위해 간단한 예를 들어 보자. 올해 초 회사원 J씨의 임금이 지난해에 비해 3퍼센트 올랐다고 하자. 물가도 3퍼센트 올랐는데 이를 감안하지 않고 월급이 올랐다고 느끼고 있다면 화폐 환상에 빠져 있는 것이다. J씨가 물가상승률을 3퍼센트 이하로 감지하는 경우에도 화폐 환상에 가려져 있기는 마찬가지다. 명목적으로만 월급이 올랐을 뿐인데 실질적으로 자신의 월급이 올랐다고 착각하고 있는 것이다.

경제학의 아버지 애덤 스미스가 창시한 고전학파 경제학과 달리 존 케인스가 주창한 수정자본주의 경제학은 이러한 화폐 환상이 존재하는 경제 모델을 기본 전제로 한다. 경제 내에서 물가와 임금이 비신축적으로 변동하고 이에 대한 경제 주체들의 기대가 불완전하기 때문이다. 화폐 환상에 빠져 있을 경우 임금이 물가상승률 이상으로 오르지 않는 한 명목임금이 오르더라도 자신도 모르게 실질임금은 감소한다. 그럼에도 노동자들은 자신의 임금이 올랐다고 착각하고 노동 공급과 소비를 늘리는 어리석은 경제 행위를 하게 된다.

따라서 화폐 환상에 빠져들지 않으려면 경제 주체들은 명목 가치와 실질 가치를 구분하고 경제 행위를 하는 데 익숙해져야 한다. 개별적으로 연봉을 협상하거나 노조가 고용주와 단체협약을 할 때 물가상승률을 감안해 임금개정안에 합의해야 한다. 투자 수익을 계산할 때도 명목수익률에서 물가상승률을 뺀 실질수익률로 평가해야 한다. 또한 연금자산 중에서 국민연금과 같은 공적 연금은 인플레이션에 연동되어 있어 실질 가치가 어느 정도 보존되지만, 퇴직연금이나 개인연금과 같은 사적 연금과 즉시 연금 등은 명목 가치로 평가되기 때문에 화폐 환상에 빠져들기 십상이다. 이것이 연금 자산을 평가할 때 반드시 인플레이션을 감안해야 하는 이유다. 화폐 환상이 존재하는 화폐경제에서 인플레이션은 부지불식간에 내 돈의 가치를 갉아먹는 골치 아픈 해충과도 같다는 점을 깊이 되새겨야 한다.

다음으로 화폐경제의 등장으로 돈과 더불어 살아가는 사람들의 모습이 어떻게 달라지고 돈으로부터 어떠한 상처를 받게 되는지 알아보자. 19세기 말 독일의 철학자 게오르그 짐멜Georg Simmel은 당시 학계에서는 기라성 같은 학자들에 밀려 이방인으로 간주되었다. 그러나 짐멜은 문학, 예술뿐만 아니라 화폐경제에 대해서도 사상적으로 예리한 비판을 가하면서 후대 학자들에게 많은 가르침을 남겼다. 그의 논문 〈현대 문화에서의 돈〉은 화폐경제하에서 돈이라는 매개체가 인간들의 물질·사회적 관계와 내면의 세계에 어떠한 영향을 미치게 되었는지 날카롭게 분석하고 있다.[31] 화폐경제에 대한 그의 연구는 마르크스가 자본주의적 경제사회의 구조를 파헤친 것에 비견될 정도다.

짐멜에 따르면 화폐경제의 등장은 인간들의 인격성personality을 와해시킨다. 예를 들어 중세의 봉건 영주에게 토지의 소유는 그의 인격 자체에 귀속되는 권한이었다. 그러나 오늘날과 같은 자본주의적 화폐경제하에서는 인간과 사물 사이에 돈이 개입되면서 개인과 소유 사이의 관계가 일종의 돈에 의한 매개 관계로 전락되었다. 곧 돈이 개인과 소유의 매개자가됨으로써 이 둘 사이에 거리가 생겨난 것이다. 따라서 화폐경제하에서 사물의 소유는 더 이상 인격이 아니며 화폐 가치로 표시된 상품에 지나지 않는다.

또한 화폐경제의 등장은 물질적 관계 사이의 상호의존성을 해체해버린다. 예를 들어 화폐경제 이전에는 사람들이 필요로 하는 물건들을 서로 교환해서 사용했다. 시장에서 각자 필요로 하는 물건이 있고 판매자와 구매자 사이에 이중적 욕망이 일치하기만 하면 바로 면전에서 물건을 교환함으로써 거래가 성사되었다. 그러나 화폐경제하에서는 사물과 타인에 대한 이러한 직접적인 거래 관계는 단절되고 상호의존성이 해체된다. 돈이라는 매개체를 통해 원하는 물건을 상품으로 소유하면 그만이기 때문이다.

역설적으로 화폐경제는 개인 간의 상호의존성을 박탈하지만 그들에게 독립성과 자율성을 부여해준다. 화폐경제에서 돈만 있으면 그 무엇에도 구애받지 않고 가지고 싶은 것을 마음대로 살 수 있는 등 아무런 제약 없이 경제 행위를 할 수 있기 때문이다. 그러나 돈이 없을 경우 구매의 자유는 박탈되고 독립적이고 자율적인 행위는 담보되지 않는다. 화폐경제하에서 돈이 없으면 그 누구와도 어떤 사물과도 관계를 맺을 수 없게 된다. 인간은 돈의 지배하에 놓일 수밖에 없고 사람들은 돈과 종속적인 관계에 묶이게 된다. 짐멜이 "현대인은 매 순간 돈에 대한 이해관계에 따라 만들어지는 수백 가지의 결합 관계에 의존하게 되었다. 이런 결합 관계가 없으면 마치 체액의 순환이 차단된 유기체처럼 더 이상 존속할 수 없을 것이다"라고 지적한 것도 이러한 이유에서다.

설상가상으로 화폐경제하에서는 상품에 대한 구매력을 지닌 돈을 소유하려는 사람들의 욕망이 무한대로 생겨나게 마련이다. 그러나 돈이 아무리 많더라도 그 자체만으로는 아무런 가치가 없기 때문에 돈을 손에 쥐고만 있을 뿐 쓸 줄은 모른 채 공상적인 행복감에 도취되어 있는 사람들도 허다하다. 돈을 장롱 속에 꼭꼭 숨겨둔 채 금관을 쓰고 황금마차를 타고 가는 자신을 상상하며 관념적인 희열에 빠진다. 평생 번 돈을 예금해놓은 거액의 통장이 죽은 다음 침대 밑에서 발견되는 억만장자가 이러한 부류의 사람들이다. 결과적으로 화폐경제하에서 사람들이 매개 수단에 불과한 돈에 지나치게 집착하면서 돈에 대한 소유 편집증과 물신숭배에 빠지는 상처를 입게 되는 것이다.

정리하자면 화폐경제를 움직이는 돈은 인류가 고안해낸 가장 보편적이고 효율적인 수단으로서의 기능을 수행하고 있지만, 화폐 환상에 현혹되기 쉽고 사람들이 화폐경제로부터 받는 상처 또한 심각하다. 인간들은 화폐경제하에서 인격을 상실할 수 있고, 돈과 종속 관계에 놓이게 될 수 있고, 돈의 소유에 대한 편집증과 물신숭배가 트라우마처럼 나타날 수 있다.

하지만 화폐경제에 휘둘리지 않으려면 용기의 심리학이 필요하다. 우선 원인과 결과를 뒤집어 생각하라. 예를 들어 어느 불면증 환자가 정신과 의사를 찾아갔을 때 그 원인이 과도한 일의 스트레스였다고 하자. 이때 스트레스의 원인을 없애라는 의사의 조언은 위로밖에 안 된다. 차라리 불면증이라는 결과를 인정하고 밤마다 잠을 설칠 것 같다는 공포감을 먼저 해소시켜야 한다. 마찬가지로 화폐경제에서 받는 상처도 돈이 원인 제공자라는 생각을 하지 말고, 트라우마에 대한 두려움이나 불안감을 과감히 불식시키려는 용기를 가져야 한다. 돈의 주인은 바로 자신이라는 확신으로 트라우마에 의연히 맞서야 한다. 오스트리아의 정신의학자 알프레드 아들러Alfred Adler의 심리학은 이러한 트라우마 자체를 부정한다.[32]

그러기 위해서는 내가 돈의 주인이라는 신념을 확고히 해야 한다. 화폐경제의 중심은 돈이 아니라 나 자신이다. 내가 있어야 돈이 있다. 마찬가지로 돈을 위해 내가 있는 것이 아니라 나를 위해 돈이 있는 것이다. 내가 돈의 주인이라는 중심추를 상실하면 돈과의 관계가 왜곡되어 정서적인 불균형 상태에 놓이게 되고 돈에 종속되어 더 깊은 상처를 받게 된다. 그러기 위해서는 돈에 대해 어떠한 감정에도 치우치지 말고 항상성을 유지해야 한다. 우물물은 눈보라치는 엄동설한이나 폭염이 내리 쪼이는 여름이나 사계절 내내 섭씨 18도를 유지한다. 외부 환경이 변하더라도 온도가 일정한 우물물처럼 돈 앞에서 평정부동平靜不動한 마음을 유지해야 한다. 용광로처럼 돈을 벌려다가 오히려 돈에 대한 트라우마를 못 삭이게 되면 돈으로부터의 상처만 깊어지게 마련이다.

《주홍글씨》의 저자 너새니얼 호손Nathaniel Hawthorn은 "행복은 나비와 같아서 잡으려고 하면 달아나지만 가만히 앉아 있으면 당신의 어깨에 조용히 내려와 앉는다"라고 했다. 마찬가지로 내가 돈의 주인이라는 평온한 마음으로 돈을 대하면 굳이 잡으려고 손을 내밀 필요가 없다. 돈이 먼저 내게 다가와 돈으로부터 받은 상처를 치유해주고 내 손바닥 안에 나비처럼 살며시 내려와 앉게 될 것이다.

지금까지 2장, 3장에서 돈의 본질과 속성을 파헤치고 돈의 주인이 되기 위해 무엇이 필요한지 짚어보았다. 이제 서드 에이지 시대에 2차 성장을 통해 자기실현의 길로 나아가기 위해 무엇이 필요한지 다음 장을 넘겨보자.

제4장

4050,
성장하는 삶으로의 전환점

1. 아파도 말 못하는 4050

"40세는 청춘의 노년이며 50세는 노년의 청춘이다."
– 명언집 –

중년에 해당하는 시기를 언제부터 언제까지라고 딱 잘라 구분하기는 어렵다. 미국의 심리학자 대니얼 레빈슨이 사람의 일생을 사계절로 구분한 내용을 소개한 제1장의 〈축복인가, 재앙인가〉로 잠시 돌아가보자. 그가 제시한 이론에 따르면 40세에서 60세의 기간이 중년기에 해당된다. 범위를 약간 좁히면 세컨드 에이지에서 서드 에이지로 넘어가는 40대 중반에서 50대 중반의 전환기를 중년이라고 할 수 있다. 이때가 인생 100세 시대에 전반부에서 후반부로 넘어가는 생애 주기의 하프라인에 해당하는 중요한 시기다.

흔히 중년을 인생의 황금기라고 한다. 어서 성장해 어른이 되고 싶었던 10대, 20대에는 젊은 시절의 방황이 있었다. 30대가 되어 취업을 하고 결혼과 출산을 통해 가정을 이루어 독립된 사회 구성원이 되었다. 인생의 성공을 위한 발판을 마련하기 위해 불철주야로 열심히 일하며 성인 초기를 보냈다. 그리고 마흔 고개를 넘어 중년의 나이에 접어들었다. 직장에서 관리자로 승진해 리더의 역할을 담당하게 되었다. 주택도 하나 장만했고 투자자산도 불어나 경제적으로 안정기에 진입했다. 해외여행과 골프를 즐길 수 있는 여유도 생겼다. 체력적으로도 아무런 문제없이 건강하다. 인적 네트워크도 넓어지고 사회적 지위도 상승했다. 비로소 삶의 절정기에 도달한 것 같다. 공자는 《논어》〈위정편爲政篇〉에서 40세를 어떠한 미혹에도 흔들리지 않는 불혹不惑의 나이라고 했다. 50세는 하늘의 뜻을 알게 된다는 지천명知天命의 나이라 했다.

그러나 중년은 가정적으로 부모 요양과 자녀교육, 결혼 등으로 가장으로서의 책임과 경제적 부담이 가중되는 시기다. 어느 정도 경제적으로 안정되었지만 지출이 가장 많은 시기다. 위로는 부모님의 건강을 챙겨드려야 하고, 아래로는 자녀들이 독립하기 전까지 뒷바라지를 해야 한다. 이렇게 부모와 자식 사이에 '낀 세대'가 중년이다. 평생직장 개념은 사라진지 오래고 직장생활에 대한 위기감이 밀려오기 시작한다. 노후 준비를 본격적으로 해나가야 하는데 언제 구조조정으로 밀려나 은퇴라는 낯선 광야의 세계로 내몰릴지 모른다. 젊은 날에 이루고 싶었던 꿈의 실현은 여전히 요원해 보이고 초조해지기도 한다. 때로는 지난날에 대한 후회나 허탈감에 휩싸이고 조만간 닥쳐올 노후 생활에 대해 불안감이 엄습해온다. 가정에서 가장으로서 짊어진 짐이 무겁고 직장에서 맡고 있는 업무에 대한 책임이 막중해 때때로 몸이 아파도 섣불리 아프다고 말할 수 없는 세대가 중년이다.

중년이 이렇게 힘들고 고달픈 삶을 살아가고 있는 현실은 연구 결과에 의해서도 입증되고 있다. 영국 워릭 대학교의 앤드루 오스왈드Andrew Oswald 교수 연구팀은 생애 주기별로 전 세계 국민들이 체감하는 행복감, 즉 웰빙well-being이 어떻게 변하는지를 분석했다.[33] 한국을 포함해 미국, 영국 등 선진국으로부터 동유럽의 알바니아와 아프리카 나라들에 이르기까지 80개국을 대상으로 했다. 연구에 사용된 모형은 간단한 효용함수로부터 도출된 행복식이다. 개인은 각 나이에서 선택한 소비로 일생 동안의 효용, 즉 행복을 최대화한다. 이것은 미시경제학에서 소비자가 재화나 용역에 대한 소비를 선택해 자신의 효용을 극대화하는 것과 똑같은 개념이다.

오스왈드 교수 연구팀은 삶에 대한 만족도를 가장 낮은 1부터 가장 높은 10까지 열 단계로 구분해 조사했다. 분석 결과 생애 주기 전체로 볼 때 행복감은 젊었을 때가 가장 높고 지속적으로 하락해 40대 중반에 최소치에 이르는 것으로 나타났다. 그 이후 다시 상승

| [그림 4-1] 행복과 나이와의 상관관계

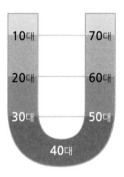

하기 시작해 노년이 되면 젊었을 때의 행복감 수준을 회복한다. 이러한 분석 결과는 소득 수준, 직업, 결혼 여부, 사회적 지위 등에 영향을 받지 않는 것으로 조사되었다.

이 연구에 근거해 오스왈드 교수 연구팀은 생애 전체의 행복지수는 [그림 4-1]과 같이 U자형 곡선으로 나타난다고 주장한다.[34] 행복지수가 바닥을 찍는 나이는 국가마다 다르다. 예를 들어 미국 40세, 영국 48세, 독일 48세, 일본 50세, 호주 40세에 행복지수가 가장 낮았다. 한국의 경우 행복지수가 최소치로 떨어지는 나이는 40세로 조사되었다. 반대로 행복지수에 부정적 영향을 미치는 우울감이나 심리적 고통은 젊었을 때는 낮은 수준에 머물다가 점차 상승해 44세가 되었을 때 가장 높아진다. 이후 다시 하락하기 시작해 70대가 되면 20대와 비슷한 수준까지 떨어진다.

그러므로 생애 주기상 중년에서 40대의 나이가 삶의 만족도가 가장 낮아 행복지수가 최저 수준까지 하락한다. 반면에 우울감은 최대치로 치솟고 심리적인 압박이 가장 강해지는 시기다. 따라서 인생 전체에서 가장 힘들고 고통스러운 시기가 중년인 40대다. 오스왈드 교수 연구팀은 이에 대한 원인을 정확히 제시하지는 않았지만, 중년의 나이가 되면 자신의 강점과 약점에 적응하는 법을 알게 되고 미래의 꿈에 대한 열망이 식어갈 가능성이 높다는 데 무게를 둔다.

　한편 국내 연구기관의 조사 결과에 따르면 우리나라 국민이 체감하는 생애 행복지수는 선진국의 흐름과 대조적인 모습을 보여주고 있다. 최근 현대경제연구원의 연구 결과에 의하면 국민들의 연령별 행복지수는 20대에 53으로 가장 높았다. 그러나 그 이후 지속적으로 하락해 60대 이상이 되면 38까지 떨어졌다.[35] 즉, 우리나라 국민들의 행복지수는 U자형이 아니라 나이가 들어감에 따라 가파르게 하방하는 직선 형태로 나타난 것이다. 이렇게 오스왈드 연구팀의 분석 결과와 상이한 패턴을 보이는 것은 선진국에 비해 취약한 사회보장제도나 미흡한 연금제도가 원인일 가능성이 높다. 그러나 오스왈드 교수 연구팀과 국내 연구기관의 분석 결과를 단순 비교할 수는 없다. 행복이나 웰빙에 대한 반응 자체가 주관적이고 연구 방법이 상이할 수 있기 때문이다.

위에서 보았듯이 생애 전체를 통해 행복지수가 가장 낮은 시기는 국가별로 다소 차이는 있지만 40대에 찾아온다. 삶에 대한 만족도가 최저 수준이고 생애 주기상 가장 힘들고 고달픈 시기가 이때다. 바로 100세 시대 인생의 하프라인을 돌기 직전이다. 50세를 넘어서 서드 에이지에 진입하게 되면 삶의 로드맵을 역할 중심에서 벗어나 가치와 의미 중심으로 다시 그려나가야 한다. 지금까지 성공을 위한 경쟁적인 삶에서 성장을 위한 가치 있는 삶으로 방향키를 틀어야 한다. 그래야 풍요로운 인생 후반부의 삶을 통해 노후까지 행복지수를 지속적으로 높여나갈 수 있기 때문이다.

2. 신기루 같은 돈의 허상

> "무지개 끝에 있는 황금 단지 너머에서 발견한 것은
> 언제나 일종의 공허였다." – 하버드 출신 사업가 –

지난 2008년 미국에서 촉발된 글로벌 금융위기가 전 세계를 휩쓸고 있을 때 별로 익숙하지 않은 용어가 언론 매체와 SNS 상에서 회자된 적이 있다. 이른바 '폰지 사기'라는 금융 속어(俗語)다. 원래 폰지는 이탈리아계 미국 이민자 찰스 폰지Charles Ponzi의 이름이다. 1920년 어느 날 미국 국제우편 쿠폰 시장을 살펴보던 찰스 폰지는 '국제우편 쿠폰을 되파는 사업을 하면 떼돈을 벌 수도 있을 것'이라는 기발한 발상을 하게 된다. 폰지는 19세기 영국의 소설가 찰스 디킨스Charles Dickens가 쓴 소설을 읽고 이 사업 아이디어를 얻었다고 한다. 디킨스의 소설에 이와 비슷한 사기 거래에 관한 이야기가 나온다.[36]

폰지는 1차 세계대전 후 급등한 환율이 국제우편 쿠폰에는 적용되지 않는 점을 간파했다. 그래서 해외에서 우편 쿠폰을 대량으로 매입하고 미국에서 되파는 수법으로 거액의 차익을 챙기기 시작했다. 폰지는 투자자를 모으며 45일 후 원금의 50퍼센트, 90일 후 원금의 100퍼센트 수익을 약속했다. 이 소문이 미국 전역으로 퍼져나가자 더 많은 투자자들이 불나방처럼 몰려들었다. 투자 총액이 눈덩이처럼 불어났고 폰지는 순식간에 무일푼에서 갑부가 되어 언론의 화려한 스포트라이트를 받았다.

그러나 실상은 먼저 투자한 사람이 받는 수익금은 나중에 투자한 사람들로부터 받은 투자금으로 지급되는 다단계 금융 피라미드 구조였다. 나중에 이를 알아차린 투자자들이 투자금을 회수하기 시작했다. 폰지의 사업은 순식간에 몰락했고 폰지는 파산 선고를 받고 사기 혐의로 구속되었다. 이때부터 금융계에서 '폰지 사기'는 금융 피라미드를 악용한 다단계 금융 사기를 나타내는 속어로 통용되었다.

이로부터 거의 90년 후 현대판 폰지 사기 사건이 터졌다. 바로 2008년 글로벌 금융위기 때다. 미국 나스닥증권거래소 부회장을 지낸 버나드 매도프Bernard Madoff가 치밀하게 벌인 사기극이다. 매도프는 자신의 이름 따서 '버나드 매도프 LLC'라는 회사를 차리고 월스트리트의 리더로서의 명성을 이용해 부자들만 모이는 최고급 골프장을 드나들며 투자자를 찾아 나섰다. 자기 회사에 투자하면 매년 10퍼센트의 수익을 보장해주겠다고 유혹하며 상당수의 재력 있는 투자자를 끌어들이는 데 성공했다. 대단한 거부들이다 보니 원금을 돌려달라는 투자자도 없었고 오히려 자신의 가족이나 친구들을 소개해주어서 순식간에 투자금이 눈덩이처럼 불어났다.

그 후 서브프라임 사태로 글로벌 금융위기가 발발했고 투자자들의 원금 상환 요청이 쇄도하기 시작했다. 그러나 이때는 이미 매도프가 지급 능력을 상실한 뒤였다. 마침내 매도프는 2008년 12월에 구속되었고 2009년에는 150년의 징역형을 선고받았다. 현대판 폰지 사기는 투자자들에게 500억 달러(55조 원)의 막대한 손실을 입힌 채 막을 내리게 되었다. 월스트리트에서 존경받던 거물은 이렇게 순식간에 세기의 사기꾼으로 전락하고 말았다. 그는 인간의 수명이 아무리 늘어난다고 해도 형기를 다 채우지 못하고 싸늘한 감옥에서 인생의 최후를 맞이하게 될 것이 분명하다.

다음은 '케이팝'이라는 그룹의 노래 〈신기루mirage〉의 일부다.

아니야 아닌 거지 분명히 꿈인 거지. 내 앞에 보이는 건 현실 아닌 그 미라지. 바래온 단 한 가지 크지도 않은 거지. 오로지 너와 나의 사랑만을 원한 거지.

그룹 '케이팝'은 2001년에 결성되었다가 멤버들이 군에 입대하면서 3년 만에 해체된 댄스 그룹이다. 훗날 우리나라의 케이팝K-Pop이 뜰 걸 미리 예견이라도 했는지 그룹 이름을 '케이팝'이라고 한 게 독특하다. 케이팝이라는 용어가 본격적으로 사용된 것은 2000년대 중반 이후 외국인들이 한국 대중가요를 즐기기 시작하면서부터다.

1798년 나폴레옹의 군사들이 이집트에 원정 갔을 때다. 멀리 또렷하게 보이던 호수가 갑자기 사라지거나 풀잎이 순식간에 야자수로 변하는 신기한 광경이 나타났다. 사막 위에 나타나는 신기루 현상이었다. 아직 나는 평생 동안 신기루를 직접 육안으로 확인한 적이 없다. 내가 언젠가 두바이를 여행할 때 사막 투어를 한 적이 있는데 운이 좋으면 신기루를 볼 수 있다고 했으나 아쉽게도 보지는 못했다. 그러다 언젠가 EBS에서 방영한 〈세계 테마기행〉이라는 다큐 프로그램을 보았다. '초원의 나라 몽골에 가다'라는 고비사막 특집 방송이었다. '황무지'란 뜻을 가지고 있는 고비사막은 우리나라보다 일곱 배나 넓은 몽골 전체 면적의 무려 30퍼센트나 차지한다. 사막에서 오아시스를 만난다지만, 황량한 고비사막에서 생생하게 보이는 것은 오아시스가 아니라 다가가면 점점 멀어지는, 그러다 곧 사라지는 신기루였다.

그룹 '케이팝'이 노래한 것처럼 "내 앞에 보이는 건 현실이 아닌 미라지"다. 그 신기루는 사막에만 있는 게 아니다. 사람들이 돈에 대한 도착증에 빠져 있을 때면 으레 신기루가 우리 눈앞으로 다가온다. 앞의 예에서 보듯이 폰지나 매도프는 돈이라는 물신의 망상에 사로잡혀 그들 눈앞에 신기루가 나타난 것이다. 성공의 오아시스라고 여긴 것은 허상이었고 곧 사라질 신기루였다는 것을 알게 된 것은 그들이 교도소에 간 뒤였다. 그들의 감언이설에 속아 거액을 투자한 사람들은 금방 타죽을 줄 모르고 불을 향해 날아드는 불나방과 같다. 곤충학자들에 의하면 불나방은 불을 좋아해서 거기로 날아가는 게 아니라, 빛을 향해 일정한 각도를 유지하면서 날아가는 특성을 가지고 있어 나선을 그리며 불빛 주위를 빙빙 돌다가 불 속으로 빨려 들어간다고 한다. 마찬가지로 돈에 대한 착시현상이 생기면 불나방처럼 자기도 모르게 파멸의 구렁텅이로 빨려 들어간다.

따라서 성공은 돈을 벌어 일확천금하는 것이 아이라 즐기며 일할 때 나도 모르게 찾아오는 축복이다. 우리가 마음속에 떠오르는 생각들이 좋아 보이고 진실같이 보일지라도 그게 오아시스인지, 신기루인지 판별할 수 있는 혜안을 가져야 하는 이유다. 인생에서 어쩔 수 없이 신기루와 마주치더라도 재빨리 알아차리고 뿌리칠 수 있어야 행복한 삶의 길로 걸어 갈 수 있다.

전 세계 금융투자업계에서 가치투자의 아이콘이라고 불리는 워런 버핏Warren Buffett이 어느 날 네브래스카 대학교에서 열린 좌담회에 참석했다. 한 학생이 그에게 질문을 했다. "존경하는 버핏 선생님, 지금까지 이루신 성공의 비결이 무엇인지 말씀해 주시겠어요?" 이 질문에 대해 버핏은 "좋아하는 일을 택하라. 그러면 성공은 자네를 비켜가기 어려울 것이다. 핵심은 일을 매일 즐겨야 한다는 것이다"라고 대답했다. 그리고 성공의 정의에 대해서는 "늙어서 자네가 사랑해줬으면 하는 사람이 자네를 사랑해주면 그게 성공이다"라고 덧붙였다. 버핏과 달리 돈에 집착해 성공을 추구하는 사람의 눈에는 폰지나 매도프처럼 환상 같은 신기루가 자주 보인다는 것을 명심하자. 성공보다 가치 있는 사람이 되어야 서드 에이지를 넘어 인생 100세 시대의 마라톤을 완주할 수 있다.

3. 목표 중심의 성공을 넘어
목적 중심의 성장으로

"성공한 사람보다 가치 있는 사람이 되라."
— 알베르트 아인슈타인 —

1922년 11월, 상대성이론으로 유명한 세기의 과학 천재 알베르트 아인슈타인Albert Einstein은 일본의 한 언론사로부터 강연 요청을 받았다. 생애 최초로 극동 지역을 여행하던 마흔셋의 아인슈타인은 스웨덴의 왕립학술원으로부터 노벨물리학상 수상자로 선정되었다는 낭보를 받았다. 아인슈타인의 노벨상 수상 소식은 순식간에 일본 열도 전역으로 퍼져나갔고 강연이 열리는 곳마다 그의 모습을 보려는 수많은 인파로 인산인해를 이루었다. 갑작스러운 대중의 인기에 놀란 아인슈타인은 도쿄 시내의 제국帝國호텔 한적한 방으로 돌아와 노벨상 수상에 대한 소회를 적어보려고 골똘히 생각에 잠겨 있었다. 그때 마침 호텔의 벨보이가 우편물을 전달하려고 그의 방문을 두드렸다. 아인슈타인은 팁으로 줄 동전이 없어서 "언젠가 운이 좋으면 이 메모장이 동전 몇 닢의 팁보다 훨씬 가치가 있을 거요"라며 황급히 적은 메모지를 건네주었다.[37] 그 메모지에 적힌 글은 다음과 같았다.

"조용하고 소박한 삶이 끊임없이 성공을 추구하는 것보다 더 많은 행복을 가져다준다(A calm and modest life brings more happiness than the pursuit of success combined with constant restlessness)."

그로부터 95년의 세월이 흐른 뒤 2017년 10월, 아인슈타인이 호텔 벨보이에게 써준 이 메모장이 예루살렘의 한 경매 시장에 나왔다. 2,000달러에 입찰이 시작된 경매는 25분 만에 끝났다. 낙찰가격은 156만 달러로 우리 돈으로 치면 약 17억 원에 해당하는 거액이다. 종이 한 장에 불과한 메모장이 어떻게 이렇게 큰 금액에 팔릴 수 있었을까? 굳이 경제 이론으로 설명하자면 경매에서 희소성을 가진 물건은 공급이 비탄력적이므로 균형 가격이 높은 수준에서 결정되기 때문이다. 그러나 벨보이에게 건네준 한 장의 메모장이 17억 원이라는 거액에 낙찰된 진짜 이유는 다름 아닌 거기에 담겨 있는 아인슈타인의 행복론의 가치 때문이다. 즉, 아인슈타인에게 진정한 행복은 학문적 성공의 절정이라고 할 수 있는 노벨 물리학상 수상보다도 평소에 조용하고 소박한 일상의 삶 속에 녹아 있는 소확행小確幸에 있었다(소확행은 작지만 소소한 행복이라는 의미의 신조어로 일본의 소설가 무라카미 하루키가 처음 사용한 말이다). 그의 행복론은 서드 에이지 시대를 살아가는 우리들에게 성공과 삶의 가치에 대해 많은 것을 생각하게 한다.

사람들은 누구나가 성공을 꿈꾸며 살아간다. 성공은 내일의 희망이고 좋은 삶을 살기 위한 미래의 목표이기 때문이다. 실패를 위해 살아가는 사람은 아무도 없다. 그러나 효율과 실적을 중시하는 자본주의의 경쟁적인 사회에는 성공의 덫에 갇혀 살아가는 사람들이 많다. 다음은 세계적인 경영의 구루guru인 피터 드러커Peter Drucker가 추천했다는 유명한 베스트셀러 《하프타임》의 저자 밥 버포드Bob Buford의 이야기다.[38]

당시 텔레비전 사업은 우리가 가장 낙관적으로 전망한 수준을 훨씬 웃돌아 성장했다. 그러다 보니 언제까지 얼마를 모으겠다는 목표를 아주 일찌감치, 그것도 목표 액수를 훨씬 넘겨 달성했다. 나는 큰 집을 샀다. 스포츠카 재규어도 샀다. 원하면 지구 어디라도 여행할 수 있었고 실제로 여행을 다녔다. 다른 목표도 거의 달성하거나 목표치를 훨씬 넘어섰다.

버포드는 이미 마흔넷의 나이에 사업가로서 자신이 거둔 대성공을 성공 공황이라고 불렀다. 왜냐하면 사업에서 목표치를 초과 달성해 큰 성공을 거두었지만 성공 이후에 남아 있는 인생의 후반부를 어떻게 살아갈지에 대해서는 뚜렷한 비전이 없었기 때문이다. 완주에 걸린 시간을 매번 측정해가면서 다시 계속 달릴까, 아니면 결승선을 앞으로 당겨놓고 경주를 빨리 끝내버릴까를 고민하면서도 중년 이후에 살아갈 인생의 로드맵을 어떻게 그려야 할지에 대해서는 막막하기만 했다.

우리는 여행을 통해 살아 있는 교훈을 얻을 때가 많다. 중국 후난 성의 세계적인 관광 명소 장가계에 가면 천문산天門山이 있다. 천문산까지 올라가는 데는 세계에서 가장 길다는 7.5킬로미터에 달하는 케이블카를 이용한다. 다른 쪽으로는 천문산을 꾸불꾸불 휘감아 올라가는 통천대도通天大道도 있다. 천문산에서 최고의 볼거리는 천문동天門洞이다. 세계에서 가장 높은 곳에 위치해 있다는 진기한 천연 종유동굴이다. 셔틀버스가 다니는 광장 아래에서부터 천문동까지 999개의 계단이 놓여 있다. 마지막 계단까지 오르면 동굴이 하늘과 맞닿아 있어 마치 천국문이 열려 있는 것 같은 신비로운 장관을 연출한다. 천국문에 오르는 계단이 하도 가팔라서 "여기서 여자 친구가 업어달라면 차라리 헤어지는 편이 낫다"는 재미있는 농담도 있다. 이 999개의 천국의 계단을 보면서 성공과 성장의 차이가 무엇인지 생각하게 된다.

버포드가 인생의 전반부에서 그랬던 것처럼 성공을 꿈꾸는 사람들에게는 장가계 천문동에 있는 999개 계단이 지루하고 거추장스럽게만 느껴질 것이다. 1,000개에서 하나 모자라는 계단들을 올라가는 것이 얼마나 숨차고 진을 빼버리는지 생각만 해도 끔찍하다. 차라리 근처에 있는 에스컬레이터를 타고 올라가는 것이 훨씬 스마트해 보인다. 어서 빨리 목표만 달성하면 그만이지 않은가.

그러나 성장을 꿈꾸는 사람들에게는 하나하나의 계단이 의미있고 소중하다. 한 계단씩 올라간다는 것이 고통일 수도 있지만, 비록 느리기는 해도 떼어놓는 발걸음마다 그만큼 정상에 가까워진다는 기쁨을 누릴 수 있다. 전후좌우에 파노라마처럼 펼쳐진 자연의 아름다움을 관조하면서 매 계단마다 고통과 희열을 함께 느끼며 올라가는 생생한 체험을 통해 삶의 의미를 찾아내고 꾸준히 성장하는 가치를 발견하는 즐거움을 맛볼 수 있다.

성공과 성장의 사전적 의미의 차이는 단순하다. 성공이란 목표로 한 것을 이루는 것이고, 성장은 자라서 점점 커진다는 의미다. 그러나 두 단어의 깊은 뜻을 자세히 들여다보면 서로 대조가 될 만큼 의미가 사뭇 다르다. 성공은 권력, 지위, 돈과 같은 외형적 목표를 대상으로 한다. 반면에 성장은 의미, 품격, 비전 등 내면적 가치를 궁극적인 목적으로 한다. 성공했다고 해서 반드시 성장하는 것은 아니다. 그러나 꾸준히 성장하면 성공할 수 있다. 따라서 성장은 과정이고, 성공은 성장의 결과물이다.

인생의 전반부에는 자신의 사회적 가치를 극대화하고 전 생애를 통해 재무적 안정을 뒷받침할 자산의 축적을 위해 성공을 목표로 살아가는 것도 나쁘지 않다. 그러나 지나친 성공 지향적 삶은 버포드가 경험한 것처럼 인생의 전반부를 지나고 나서 성공 공황에 빠질 위험이 있다. 따라서 50세 전후로 하프라인을 돌아 서드 에이지와 인생의 후반부에 진입하게 되면 성공 중심에서 가치 있는 성장으로 삶의 방향키를 틀어줘야 한다.

아인슈타인의 조언처럼 조용하고 소박한 삶을 통해 꾸준히 성장해나가는 것이 더 큰 행복을 가져다준다. 성공은 수직선과 같아서 목표를 달성하고 나면 그것으로 마침표를 찍게 되지만, 성장은 부풀어나는 입체와 같아서 그 부피가 얼마가 될지 가늠할 수 없기 때문이다.

4. 성장은 행복한
관계로부터 시작된다

> "나를 혼자 파라다이스에 살게 하는 것보다 더 큰 형벌은 없다."
> ─ 요한 볼프강 폰 괴테 ─

KBS가 주말에 방영하는 〈동물의 왕국〉은 국내 유일의 동물 전문 다큐멘터리 프로그램이다. 흑백TV 시절부터 방송되기 시작해 지금까지 40년 가까이 어린이, 청소년, 여행가, 동물애호가 등 수많은 시청자로부터 꾸준한 사랑을 받아왔다. 영국의 BBC나 내셔널 지오그래픽이 제작한 다큐멘터리를 엄선해 우리말로 더빙해 소개하는 이 프로그램을 시청하고 있으면 마치 아프리카의 대초원으로 사파리 여행을 떠나온 기분이 든다. 작열하는 태양 아래 수많은 야생동물이 살고 있는 평원이 끝없이 펼쳐지는 장관을 보고 있으면 대자연의 웅장함과 함께 생명의 신비가 저절로 느껴진다.

아프리카 탄자니아의 세렝게티Serengeti 국립공원은 수백만 마리의 동물과 수백 종의 조류가 서식하는 지상에서 가장 오래된 생태계의 보고寶庫다. 광활한 사바나에서 동물들이 한가로이 풀을 뜯고 있는 풍경이 평화롭고 목가적이다. 그러나 초원 건너편에는 호시탐탐 사냥을 노리는 포식자들이 도사리고 있어 언제나 약육강식의 긴장감이 흐른다. 물소와 같은 초식동물들이 계절에 따라 뜯어먹을 풀이나 마실 물을 찾아 다른 장소로 이동할 때는 수십만 마리의 동료와 무리를 지어 횡단한다. 동물들이 서로 집단을 형성하는 이유는 포식자의 공격으로부터 무리를 보호하고 살아남을 확률을 높일 수 있기 때문이다.

고대 그리스의 철학자 아리스토텔레스는 플라톤의 제자이자 알렉산드로스 대왕의 스승이기도 하다. 아리스토텔레스는 저서《정치학》에서 "인간은 본성적으로 정치적 동물이다"라고 했다. 인간이 정치적 동물인 가장 큰 이유는 인간이란 홀로 살아갈 수 없는 나약한 존재이기 때문이다. 인간이 생존하기 위해서는 서로의 공동체가 필요하다. 이것은 아프리카의 광활한 초원에 사는 동물들이 포식자로부터 자신의 생명을 지키기 위해 무리를 지어 이동하는 생존 본능과 똑같은 자연의 이치다. 인간도 생존하기 위해서는 서로 의지하며 살아가기 위한 공동체가 필요하다. 이러한 관점에서 인간을 사회적 동물이라고 부르기도 한다.

사람 인人 자는 팔을 약간 내밀고 있는 사람의 옆모습을 본 따서

만든 갑골문을 해서체로 쓴 것이다. 다른 관점에서 인人 자를 홀로
설 수 없고 서로 의지하며 살아가는 인간의 속성을 나타내는 한자
로 풀이하기도 한다. 두 획이 서로 맞대어 있는 인人 자는 인간이 둘
이상 모여 공동체를 이루고 서로 의존하며 함께 살아가는 사회적
동물임을 상징적으로 나타내는 것 같다. 여기서 공동체란 사회적
동물인 인간이 목표나 가치를 공유하면서 상호 간의 이해를 바탕
으로 관계망을 형성해 살아가는 유기체적 조직을 말한다. 사람들
은 공동체 생활을 통해 서로의 정체성을 확인하고 상호 간의 사랑
과 배려를 통해 심리적인 안정감을 얻게 된다. 또한 소속집단 내의
다른 사람들과의 친밀하고 지속적인 관계 유지를 통해 고독감이나
소외로부터 자신을 보호하게 된다.

　　미국 UCLA의 사회신경과학 전문가 마빈 리버먼Marvin Lieberman
교수는 공동체 사회에서 타인과의 연결 상태가 사람의 행복에 미
치는 영향에 대해 연구했다.[39] 리버먼은 두 가지 상황에서 뇌가 어
떻게 반응하는지 연구했는데, 하나는 신체에 이상이 생겨서 몸이
아플 때이고, 다른 하나는 타인과 불편한 인간관계로 사회적인 고
통이 있는 경우다. 이 두 가지 서로 다른 상황에 대한 뇌의 반응은
똑같은 부위에서 활동량이 증가하는 것으로 나타났다. 신체적 고
통과 사회적 고통은 원인은 다르지만 뇌에서 기능하는 메커니즘은
같은 것이다. 예를 들어 발에 못이 박혔을 때와 친구를 잃었을 때의

고통은 같은 뇌 부위에서 동일하게 느껴진다. 친구를 잘 사귀고 폭넓고 바람직한 대인관계를 유지하는 사람일수록 뇌가 느끼는 고통은 줄어들게 된다. 그러므로 사람들이 일상생활에서 사회적 연결을 확장하면 행복감이 증가하게 된다.

타인과의 좋은 관계가 행복을 결정한다는 또 다른 연구가 있다. 하버드 대학교의 정신의학과 로버트 월딩거Robert Waldinger 교수가 75년 동안 성인 700여 명의 인생을 추적해 실증적인 연구를 했다. 일생 동안 가족, 친구, 공동체와 친밀한 관계를 많이 맺고 살아가는 사람들이 더 행복하고 신체적으로도 건강하며 장수를 누리는 것으로 나타났다.[40] 반대로 고독 속에서 외롭게 살아가는 사람들은 중년기에 건강이 빨리 악화되고, 뇌기능이 일찍 저하되며, 주변에 좋은 친구가 많은 사람들에 비해 빨리 늙어가는 것으로 조사되었다.

서드 에이지와 관련해 월딩거 교수의 연구는 주목할 만한 시사점이 있다. 50세를 전후해 인간관계에 대한 만족도가 높은 사람일수록 노년에 건강한 삶을 살고 있을 확률이 더 높다는 사실이다. 긍정적이고 친밀한 인간관계가 노화의 속도를 늦추고, 나이가 들더라도 젊음을 정신적으로 뒷받침해주는 효과가 있기 때문이다. 80세를 넘어가면 어려울 때 마음의 문을 활짝 열어놓고 서로 의지할 수 있는 가족, 친구, 친지들이 주위에 많이 있어야 한다. 사랑의 끈으로 단단히 묶인 사람들이 많을수록 기억력이 왕성하게 유지되고 정신적으로 더 건강한 삶을 살아갈 수 있다.

따라서 50세를 전후해 인생의 하프라인을 지나 서드 에이지에 진입하면 돈과 명성을 얻기 위해 끊임없이 성공을 추구하기보다는 타인과의 좋은 관계를 확장해 행복을 쌓아가며 성장해나가는 삶으로 눈을 돌려야 한다.

사람들의 사회적 관계는 두 가지로 나누어볼 수 있다. 하나는 가족이나 친한 친구처럼 서로에게 헌신적이고 조건이 없는 자유의지로 맺어진 동질적 관계다. 다른 하나는 특정한 목적을 달성하기 위해 선택의지에 따라 연결된 이해타산적 관계다. 인생의 전반부 세컨드 에이지까지는 후자의 인맥이 자산이다. 마당발들은 폭넓은 인맥을 발판으로 출세의 가도를 달릴 수도 있다. 그러나 이것이 반드시 행복에 이른다고 볼 수 없다. 사회적으로 엄청난 성공을 거둔 사람들의 명성과 부가 하루아침에 신기루처럼 무너지는 모습을 씁쓸하게 지켜볼 때가 허다하기 때문이다.

그러므로 50세 이후 서드 에이지가 시작되는 인생의 후반부에는 긍정적이고 끈끈한 관계로 넓게 연결되어 있어야 의미 있게 성장하는 행복한 노후를 살아갈 수 있다. 요즈음과 같은 초연결 사회에서는 직장이나 단체 같은 이익 사회에서 맺어진 사이라 하더라도 친밀한 평생의 관계로 발전을 도모해나가야 한다. 중국 춘추 시대에 관중管仲과 포숙아鮑叔牙가 나눈 관포지교管鮑之交처럼 따뜻하고 훈훈한 우정을 평생토록 지켜나가는 사람들의 삶은 언제나 행복의 스토리로 넘쳐날 것이다.

아프리카의 초원지대에서 포식자의 위협으로부터 서로의 생명을 보호해주는 동물들처럼 내가 어렵고 힘들 때 곁에서 나를 지켜줄 소중한 관계를 가진 사람들이 과연 몇 명이나 될지 자신에게 진지하게 물어봐야 할 때다.

5. 나를 넘어 나를 이기다

> "문제는 산의 고도가 아니라 등산가의 태도다.
> 산행의 본질은 정상을 오르는 데 있지 않다.
> 고난과 싸우고 그것을 극복하는 데 있다." – 앨버트 머메리 –

《리더스 다이제스트》가 실시한 여론조사에서 '뉴질랜드에서 가장 신뢰받는 인물'로 선정된 사람이 있다.[41] 바로 세계 최초로 에베레스트를 정복한 에드먼드 힐러리Edmund Hilary다. 2008년 1월 오클랜드의 한 병원에서 88세의 나이에 심장마비로 영면했으나, 세계인들은 여전히 그를 영웅적 산악인으로 기억한다.

20세기 초만 해도 영국은 세계 최강의 국력을 가지고 있었던 해가 지지 않는 나라였다. 그러나 1909년 세계 최초의 북극점 정복을 미국인 탐험가 로버트 피어리Robert Peary에게 내주었다. 2년 뒤 남극점에 세계 최초로 깃발을 꽂은 탐험가는 노르웨이 출신의 로알 아문센Roald Amundsen이었다. 이에 자존심이 상한 영국은 세계의 최고봉인 히말라야 에베레스트의 최초 등반에 집착하게 되었다.

영국은 수차례에 걸쳐 에베레스트에 원정대를 파견했으나 그때마다 실패와 좌절을 반복했다. 드디어 1953년 5월 29일 엘리자베스 2세 여왕의 대관식을 며칠 앞두고 히말라야로부터 낭보가 날아들었다. 영국 원정대 소속 뉴질랜드 출신 탐험가 힐러리가 네팔의 셰르파 텐징 노르가이Tenzing Norgay와 함께 인류 최초로 8,848미터의 에베레스트 정상을 등정했다는 소식이었다. 새로운 여왕의 대관식이라는 경사와 함께 세계 최고봉 정복이라는 쾌보를 접한 영국인들은 열광했다. 윈스턴 처칠Winston Churchill 총리도 축전을 보내왔다. 대관식 날 엘리자베스 2세 여왕은 힐러리에게 기사 작위를 하사하고 그의 기념비적 등정을 축하했다.

그러나 흥분에 들떠 있는 세상 사람들과는 대조적으로 정작 에베레스트 정상에 첫발을 내딛은 힐러리의 소감은 의외로 담담하고 차분했다. 그는 어느 인터뷰에서 소감을 묻는 질문에 "내가 정복한 것은 에베레스트가 아니라 나 자신이다"라고 말했다. 에베레스트 정복은 자연에 대한 인류의 끊임없는 도전정신의 값진 승리이자, 인간의 한계를 극복한 강인한 의지의 결정체다. 하지만 목숨을 위협하는 악천후, 눈사태, 고산병을 무릅쓰고 세찬 바람 속에서 로프 줄에 생명을 걸고 암벽과 빙벽을 오르는 힐러리를 지탱해 준 것은 그의 담대한 용기와 강인한 정신력이었다. 자기 자신을 뛰어넘는 불굴의 극기정신이 없었더라면 에베레스트 정복은 불가능했을 것이다.

또한 힐러리는 에베레스트를 정복하기 전에 실패를 거듭할 때마다 좌절하지 않고 "에베레스트 산이여, 너는 자라지 못한다. 그러나 나는 자랄 것이다. 그래서 나는 돌아오겠다. 기다려라. 나는 산에 다시 오를 것이다"라고 말했다. 자기 성장에 대한 멈추지 않는 확신과 불굴의 도전정신이 진하게 묻어나는 말이다. 더군다나 힐러리는 비행기 사고로 사랑하는 아내와 딸을 먼저 저 세상으로 보내야하는 고통을 겪었다. 그러고도 "모험은 나처럼 평범한 모든 이에게 가능하다"고 말해 많은 사람들에게 용기를 불어넣어 주었다.

한편 힐러리와 함께 세계 최고봉에 오른 셰르파 텐징의 소감도 우리들 마음속에 큰 공명을 불러일으킨다. 그는 한 인터뷰에서 "나는 적을 물리치는 병사의 무력이 아니라 어머니 무릎에 오르는 아이의 사랑을 갖고 매번 산을 찾는다. 셰르파는 에베레스트를 개별적인 봉우리가 아니라 하나의 덩어리로 바라본다. 셰르파에게는 정상을 의미하는 단어가 아예 존재하지 않는다"라고 말했다.

《논어》의 〈옹야편雍也篇〉을 보면 "지자요수知者樂水 인자요산仁者樂山"이라는 구절이 나온다. 지식을 많이 가진 사람은 물을 좋아하고, 어진 사람은 산을 좋아한다는 의미다. 지혜로운 사람은 호기심이 많아 늘 물처럼 흐르며 움직이고, 어진 사람은 중후해 산처럼 한자리에 고요히 머물러 있다. 텐징의 말에 따르면 산을 오르는 셰르파에게는 정상이라는 단어가 없다. 산을 하나하나의 봉우리가 아니라 큰 덩어리로 보는 셰르파, 어머니 무릎을 기어오르는 아이처럼 대자연을 사랑하며 산을 오르는 셰르파들은 사리에 밝고 지혜로운 사람은 아닐지 모르지만 마음이 어진 사람임에 틀림없다.

산을 좋아하는 '인자'들이 산에 오르는 궁극적인 이유가 정상의 정복에 있지 않다는 것을 일깨워준 또 다른 탐험가가 있다. 1924년 영국의 3차 에베레스트 원정 대원이었던 토머스 맬러리Thomas Malory다. 한 인터뷰에서 맬러리는 "왜 에베레스트에 오르려 하느냐"라는 질문에 "에베레스트가 거기 있기 때문이다because it is there"라고 담담하게 대답했다. 그 이후 맬러리의 이 말은 산악인들에게 영원히 회자되는 명언이 되었다. 그 길로 히말라야로 등반을 떠난 맬러리는 에베레스트 8,100미터의 북쪽 능선에서 실종되었다. 1999년에 그의 시신이 발견되었으나 에베레스트를 오르다 실종되었는지 내려오다 변을 당했는지는 확인되지 않았다.

여기서 힐러리와 텐징 둘 중에 누가 에베레스트 정상을 먼저 밟았느냐는 우리에게 그다지 중요하지 않다. 그들에게 정상이란 정복의 대상이 아니라 단지 산을 오르는 지향점에 불과했기 때문이다. 힐러리는 자기가 정복한 것은 자신이라고 했다. 셰르파 텐징에게는 정상이라는 단어조차 존재하지 않았다. 따라서 인간 최초로 에베레스트를 등정한 의미와 가치가 정상의 정복이 아닌 자기극복의 과정이었던 것이다. 그러므로 누가 먼저 정상에 올랐느냐는 질문은 그들을 육상선수로 착각하고 물어보는 우문에 지나지 않는다.

제4장의 〈목표 중심의 성공을 넘어 목적 중심의 성장으로〉에서 살펴본 성공과 성장의 관점에서 에베레스트 정상 정복은 성공을 위한 목표에 불과하다. 반면에 힐러리의 자기극복과 텐징의 산에 대한 무한 사랑은 성장을 위한 목적이었다. 성공은 외형적 목표를 대상으로 하는 반면, 성장은 궁극적으로 추구하는 내면적 가치를 목적으로 한다. 실제로 에베레스트 정복 이후 힐러리와 텐징의 삶이 이를 증명한다.

힐러리는 에베레스트 최초 등정 이후 120차례나 네팔을 드나들며 수백만 달러의 기금을 모아 경제적으로 어려운 셰르파들을 돕고 병원과 학교를 지어주는 등 헌신적인 인간애를 나누며 살았다. 한편 "인간은 그저 인간일 뿐이다. 그게 전부다"라고 말한 셰르파 텐징은 그 이후 다시는 에베레스트에 오르지 않았다. 히말라야 등반학교에서 후진을 양성하며 여생을 보냈다. 이들이 세계인으로부터 영원한 산악인으로 추앙받는 이유는 그들의 모험정신 때문만이 아니다. 자신을 낮추고 남을 배려하는 겸손함과 행동으로 실천한 박애정신 때문이다.

따라서 성장의 가치는 정상에 다다르려는 일직선상의 행진에 있지 않다. 에베레스트의 등정에서처럼 험준한 빙벽과 암벽을 오르내리며 악천후와 눈사태로 후퇴와 전진을 반복하는 나선형 도전에서 '자신을 극복해 나가는 과정'이 성장의 진정한 의미이며 가치인 것이다. 서드 에이지 시대의 아름다운 여행은 어디로 가느냐의 행선지의 문제가 아니라, 자신의 이정표에 어떤 여정을 담느냐의 문제다.

제5장

다운시프트

1. 삶의 기어를 1단으로 낮추다

"우리는 인생의 오후가 시작될 때 비로소
능수능란한 능력을 갖추게 된다." – 그랜빌 홀 –

    나는 영국에서 운전면허증을 땄다. 영국에 오기 전 운전 경험이
전혀 없던 나에게 현지에서의 운전면허 시험은 매우 까다로웠다.
필기시험이란 아예 없고 곧바로 도로에 나가 실제 운전 능력 테스
트를 받은 뒤 마지막으로 구술시험을 통과해야만 했다. 더군다나
도로주행 방향이 우리나라와 정반대로 좌측통행이어서 헷갈리기
일쑤였다. 당시 영국인들은 자동 기어 차량보다 수동 기어 차량을
절대적으로 선호하는 경향이 있었다. 그래서인지 운전면허 시험
을 볼 때도 대개 수동기어 차를 사용했다. 가속 페달을 밟으며 1단
기어에서 5단 기어로 속도를 높이다가 다시 역순으로 1단 기어로
감속을 하는 변속기어 조작법에 완전히 익숙해져야 면허시험에 합

격할 수 있었다.

유학생활 마지막 여름에 잉글랜드 북서부 지방과 스코틀랜드로 여행을 떠난 적이 있다. 내가 살던 남동부의 콜체스터를 떠나 런던을 경유해 스코틀랜드의 수도인 에든버러에 들러 국제 페스티벌을 관람하고, 다시 런던으로 내려오는 길에 영국에서 자연이 가장 아름답다는 호수지방Lake District을 둘러보는 여정이었다. 런던에서 M1 고속도로에 진입해서 달리다 리즈 근처에서 국도로 갈아탔다. 기어를 5단에 놓고 줄기차게 약 650킬로미터 정도의 거리를 운전해 북쪽으로 올라가면 스코틀랜드의 주도州都인 에든버러에 도착하게 된다. 스코틀랜드에서 고풍스러운 에든버러 성城과 축제를 둘러보고 네시Nessie라는 괴물이 출몰한다는 네스 호Loch Ness로 이어지는 여정을 즐겼다.

그다음 행선지를 바꾸어 남쪽으로 세 시간 정도를 달려서 영국에서 시와 동화와 전설이 살아 숨 쉰다는 호수지방으로 들어갔다. 여기서는 변속기어를 3단 이하로 낮추거나 언덕을 오를 때는 아예 1단으로 내리고 운전을 해야 했다. 영국이 자랑하는 낭만파 시인 윌리엄 워즈워스William Wordsworth는 호수지방의 아름다운 풍경을 이렇게 노래했다. "저 하늘의 무지개를 보면 내 가슴이 뛰노라." 자동차의 변속기어를 하단으로 충분히 낮추고 저속으로 운전하면서 예쁜 꽃과 덩굴로 뒤덮인 수백 년 된 오두막집과 고즈넉한 돌담길 사

이를 지나 석양에 물들어가는 호수가의 아름다운 낙조를 감상할
수 있었다.

1990년대 말경 다운시프트Downshift라는 용어가 미국에서 유행어
처럼 쓰이기 시작했다. 《트렌드 저널The Trends Journal》의 발행인이며
미래 트렌드 전문가인 제럴드 클랭트Gerald Celente가 다운시프트를
21세기의 새로운 트렌드로 예측하면서부터다. [42] 다운시프트라는
말은 사전적으로 내가 영국의 호수지방을 여행할 때처럼 자동차의
속도를 줄이기 위해 변속 기어를 상단에서 하단으로 바꾸는 동작
을 의미한다. 고속도로에서 5단을 놓고 달리던 자동차 기어를 하단
으로 다운시프트 해야 파노라마처럼 펼쳐지는 호수지방의 목가적
인 전원 풍경을 여유 있게 관조할 수 있게 된다.

처음에 다운시프트라는 말이 등장했을 때는 그 의미가 좀 생소
했다. 그러나 직장인들 사이에서 돈을 좀 적게 벌더라도 일을 적게
하고, 승진이 늦더라도 바쁘게 돌아가는 일상의 권태에서 벗어나
여유 있는 삶과 여가를 즐기려는 사람들이 늘어나면서 새로운 사
회 현상의 트렌드를 나타내는 말이 되었다. 그 이후 고령화 시대가
급진전되면서 다운시프트는 50세 전후 인생의 하프타임에서 삶의
속도를 조절하기 위한 인생 전략으로 자리 잡게 되었다. 사람들은
50세를 전후해서 인생의 반환점을 돌아 서드 에이지에 진입하게
된다. 인생의 전반부가 후반부로 전환되는 변곡점을 지나면서 행

복한 노후를 살아가기 위한 인생의 지도를 새로 그려야 한다.[43] 생애 주기로 볼 때 이때가 바로 후반생을 위한 다운시프트를 본격적으로 추진해야 하는 최적의 시기이기 때문이다.[44]

앞의 25쪽의 [그림 1-1]로 되돌아가보자. 이 그림에서 점 A는 인생 후반부의 S2 곡선의 시작점이다. 전반부 자신의 절정에 도달하기 전에 후반부 준비를 위한 발걸음을 떼는 시점이라고 할 수 있다. 점 B는 두 개의 S자 곡선이 만나는 교차점이다. 두 곡선과 점 A와 B로 둘러싸인 부분이 전반부에서 후반부로 옮겨가는 전환기를 나타낸다. 따라서 이 두 점 사이가 생애 주기상 하프타임에 해당되는 기간이다. 100세 시대에 사람들의 하프타임은 일반적으로 40대 중반부터 50대 중반까지 약 10년의 기간이다. 점 A와 B 사이가 길면 길수록 하프타임의 기간도 길어진다. 예외적으로 전환기를 경험하지 않는 사람들도 있다. 하프타임 없이 전반부의 절정기가 그대로 후반부로 이어지는 경우다. 기업가, 전문직 종사자, 자영업으로 성공한 사람들이 여기에 해당된다.

그러나 사람들은 대개 전반부 인생의 절정기에 달하기 전인 점 A에서 후반부 여정을 준비하기 시작한다. 처음에는 S2 곡선의 일시적인 하강을 경험할 수도 있다. 그러나 인생 후반부가 시작되는 50세를 전후하여 다운시프트를 하면 삶의 속도는 느려지더라도 새로운 가치의 발견을 통해 S2 곡선이 상승세로 반전된다. 점 B는 서드 에이지에 진입해 2차 성장을 위한 돌파구가 마련되는 시점이다. 따라서 후반부 커브가 전반부 커브를 완전히 대체하는 점 B는 서드 에이지에 접어들어 삶의 기어를 1단으로 낮추는 다운시프트를 통해 2차 성장과 자기실현이 본격적으로 시작되는 출발점이라고 할 수 있다.

나는 가끔 청년의 영원한 고전이라고 불리는 헤르만 헤세의 자전적 소설《데미안》을 감동 깊게 읽었던 시절을 회상하곤 한다. 내가 읽은《데미안》은 31세의 젊은 나이에 요절한 비운의 천재 독문학자 전혜린의 번역본이었다. 헤세가 자신의 내면세계의 변화를 주제로 쓴 이 소설은 방황하던 나의 사춘기 시절을 지진처럼 흔들어놓았다. 아래는 데미안에 나오는 유명한 구절이다.

새는 알에서 빠져나오려고 몸부림친다. 알은 세계다. 태어나려고 하는 자는 하나의 세계를 파괴하지 않으면 안 된다. 그 새는 신을 향해 날아간다.

나는 데미안뿐만 아니라 헤세의 문학에 매료되어 한때 그의 시와 소설에 푹 빠져 있었다. 85세에 사망한 헤세는 자신의 인생의 하프타임이라고 할 수 있는 42세에《데미안》을 출간했다. 이미 작가로서 성공한 헤세였지만 하프타임에 인생의 새로운 로드맵을 그리기 위해 그는 여러 가지로 몸부림쳤다. 인도 여행을 했고, 카를 융 Carl Jung과 그의 제자 요제프 랑Joseph Lang으로부터 심리치료를 받았으며, 스위스로 이사를 하고 호반에서 풍경화를 그리기 시작했다. 그는 화가 못지않게 3,000점의 수채화를 남겼다.

결과적으로 헤세의 문학 세계는《데미안》을 기점으로 해 전반기와 후반기로 크게 양분된다.《페터 카멘친트》,《수레바퀴 아래서》,《크눌프》등 그의 전반기 작품은 정결한 문체에 서정적이고 낭만적인 분위기를 자아낸다. 반면에《싯다르타》,《황야의 이리》,《나르치스와 골트문트》등 후반기 작품은 자신의 내면에 대한 깊은 성찰을 통해 삶의 근원적인 힘을 깨닫게 하고 구도자처럼 경건한 관조의 세계를 발견하게 해준다. 이러한 변화가 가능했던 것은 헤세가 50세 전에 다운시프트를 통해 삶의 속도를 1단으로 낮춤으로써 그의 삶과 문학이 한층 더 성숙해졌기 때문이다.

앞의《데미안》의 구절에서처럼 인생의 하프타임에서 서드 에이지를 준비해나가려면 알에서 몸부림치며 빠져나와야 한다. 지금까지 살아온 전반부의 알껍데기를 파괴하지 않고서는 인생 후반부의 새로운 가치와 의미를 재창조할 수 없다. 50세 전후 중년의 하프타임은 전반전의 끝이지만 인생 후반전의 시작을 위한 다운시프트를 본격적으로 준비하는 기간임을 명심하자.

2. 가치의 프레임을 바꿔라

"결국 모든 것은 사람이 지니는 것과 사람이 있는 것과의 다름으로 귀착된다. – 가브리엘 마르셀 –

언제부터인지는 몰라도 서점에 가면 평대에 누워 있는 책과 서가에 꽂혀 있는 책을 구분해서 살펴보는 버릇이 생겼다. 대개 신간이 나오면 평대에 누워 있다가 일정한 시간이 지나면 서가로 옮겨 간다. 물론 양쪽에 다 진열되는 경우도 있지만 대개 그렇다는 얘기다. 서점에서 책들을 어떻게 배치하고 평대에 누워 있던 책을 서가로 언제 이동시키는지 내가 알 바가 아니다. 하지만 신간이 나온 지 꽤 오랜 시간이 지났는데도 여전히 평대에 누워 있는 책들이 있다. 아마 스테디셀러라 그런가 보다.

내가《프레임》을 처음 읽은 것은 2007년경 초판이 나왔을 때로 기억된다.[45] 그러다 얼마 전 서점에 들렀는데 초판이 나온 후로

10년이 더 지났는데도 이 책이 여전히 평대에 누워 있었다. '나를 바꾸는 심리학의 지혜'라는 부제가 달려 있는 이 책을 읽었을 때 본문의 한 문장에서 받은 깊은 감동이 떠올랐다. "내가 헛되이 보낸 오늘 하루는 어제 죽어간 이들이 그토록 간절히 원했던 내일이다." 고대 그리스 시대 3대 비극 시인의 한 사람인 소포클레스Sophocles의 명언이라고 알려져 있지만 나의 가슴을 벅차게 했던 문장이었다. 나는 이때부터 오늘을 사는 의미와 가치가 무엇인지 진지하게 다시 생각하게 되었다. 내 심리 속에서 오늘을 바라다보는 '프레임'이 바뀐 것이다. 죽어가는 사람이 그토록 애절하게 더 살고 싶어 했던 그 내일이 바로 내가 사는 오늘인데 하루하루를 감사하면서 더 값지게 살아야겠다는 의지를 다지게 되었다.

나는 대학 시절 독일 프랑크푸르트학파의 비판이론 철학서들을 즐겨 읽었다. 유대인에 대한 탄압을 피해 미국으로 망명한 에리히 프롬Erich Fromm의 유명한 저서들《자유로부터의 도피》,《건전한 사회》,《사랑의 기술》 등도 여기에 포함된다. 프롬은 가장 영향력 있는 20세기 사상가 중 한 사람으로 현대인의 고뇌와 인간다움을 통찰하면서 후기자본주의 사회를 통렬하게 비판했다. 몇 년 후 프롬의 신간이 또 한 권 나왔다. 바로《소유냐 삶이냐》였다. [46] 이 책은 프롬이 80세로 세상을 떠나기 4년 전에 초판이 출간되었는데 말년 작품답게 그의 모든 사상 체계와 삶에 대한 깊은 성찰이 그대로 녹아 있는 역작이다.

어느 비가 갠 날 오후 두 시인이 산책을 나섰다고 하자. 한 시인
은 낭떠러지의 경사진 언덕을 오르다가 갈라진 벼랑 사이에 피어
있는 예쁜 꽃 한 송이를 보았다. 또 다른 한 시인은 오두막집을 지
나가다가 울타리 옆에 피어 있는 냉이꽃 한 송이를 보았다. 그리고
각자 자신들의 시상詩想을 다음과 같이 표현했다.

갈라진 벼랑에 핀 한 송이 꽃,

나는 너를 틈 사이에서 뽑아 따낸다.

나는 너를 이처럼 뿌리째 내 손에 들고 있다. "

- 앨프리드 테니슨Alfred Tennyson

"가만히 살펴보니

냉이꽃 한 송이가 피어 있다.

울타리 옆에!"

- 마쓰오 바쇼松尾芭蕉

두 시인이 경험한 것은 똑같다. 즉 산책을 하다가 꽃을 보았다.
그리고 각자의 느낌과 언어로 시를 썼다. 하지만 두 시인의 꽃에
대한 프레임은 완전히 다른 대척점에 있다. 테니슨은 '소유하려는

having' 프레임을 가지고 있다. 테니슨의 손 안에 있는 꽃은 이내 시들어 죽었을 것이다. 반면에 꽃에 대한 바쇼의 반응은 완전히 다르다. 그는 꽃의 뿌리를 뽑으려 하지 않고 다만 피어 있는 상태로 바라보고 있을 뿐이다. 바쇼는 거기에 만족하고 자신을 꽃과 일치시키면서 서로 '존재하려는being' 프레임을 가지고 있다. 위 시에서 보듯이 서로 다른 프레임을 가지고 있을 때 나타나는 결과는 처절할 정도로 판이하다. 즉, 두 시인의 프레임의 차이가 결국 꽃의 운명을 죽음과 상생으로 갈라놓았다.

프롬이 분석한 대로 자본주의 사회를 살아가는 사람들에게도 두 가지 생활 양식이 있다. 하나는 '소유 양식having mode'이고 다른 하나는 '존재 양식being mode'이다. 소유 양식은 현대인에게 보다 익숙하고 자본주의 사회의 전형적인 생활 양식이다. 소유가 정체성의 근본일 경우 '나는 내가 가진 것I am what I have'에 의해 규정된다. 자본주의 사회에서 돈의 물신적 속성은 돈에 대한 사람들의 욕망을 무한대로 부추긴다. 소유 양식에 속한 사람들은 더 많은 것을 소유하려다가 서로 갈등을 낳는다. 결국 사람들 사이에 소외를 일으킨다. 사람들은 이 상태에서 벗어나려고 하나 오히려 돈에 더욱 집착하게 되고 결국 소유의 노예가 되고 만다. 그래서 프롬은 소유적 생활 양식은 현대 문명의 재앙을 대표한다고 했다.

반면에 존재 양식은 삶에 대한 고찰과 경험으로부터 우러나오는 생활 양식이다. 존재 양식에 속한 사람들은 '나는 존재하는 나 I am what I am'에 의해서 자신의 정체성이 정해진다. 과거에 모은 것에 얽매여 있는 소유 양식과 달리 존재 양식은 지금 당장, 오로지 여기에만 있다.[47] 존재의 프레임에서는 소유물을 상실할 위험에 대한 걱정과 불안에서 자유롭다. 존재 양식에 속한 사람이 되기 위해서는 독자성, 자유, 비판적 이성을 선행 조건으로 갖추어야 한다. 그들은 타인을 인정하고 경청하고 사랑함으로써 서로 나눠 갖는 상생과 공유의 즐거움을 누린다. 결과적으로 나의 존재는 '실행하는 나 I am what I am doing'에 의해 자신감을 가지고 성장한다. 지식의 영역에서 가장 높은 목표는 많이 아는 것보다 더 깊이 아는 것이다.

세상에서 변하지 않는 진리가 있다면 그것은 모든 것이 변한다는 것이다.[48] 우리의 인생도 항상 변화의 물결 속에서 소용돌이친다. 서드 에이지 시대에 인생의 후반부가 시작되는 것은 삶의 커다란 변화다. 지금 인생의 하프라인을 돌고 있거나 곧 돌아야 할 사람이라면 삶의 가치를 바라다보는 나의 프레임은 무엇인지 스스로 진지하게 짚어보아야 한다. 소유의 프레임의 덫에서 빠져나와 존재의 프레임으로 바꿔야 한다. 그래야 비로소 삶의 속도가 조절되는 다운시프트가 시작될 수 있다. 아인슈타인이 말한 것처럼 더 많이 소유한다는 것이 행복의 조건은 아니기 때문이다.

3. 나의 중심을 늘 들여다보다

"나의 생애는 무의식의 자기실현의 역사다."
- 카를 융 -

우리는 자신을 '나'라고 부른다. 나의 이름이 있고, 나의 얼굴이 있다. 나의 오감으로 느끼고, 나의 생각으로 말한다. 나의 추억이 있고, 나의 꿈이 있다. 하지만 '나는 누구인가?' 매우 간단한 질문이지만, 이에 대한 대답만큼 어려운 것도 없다. 이순耳順의 나이가 훌쩍 넘은 나에게 다시 물어본다. 나는 누구인가. 그러나 아직도 무어라 대답할지 주저주저한다. 왜 그럴까? 아래 법정 스님이 어느 강연에서 한 말에 귀를 기울여보자. [49]

나는 누구인가. 스스로 물으라. 나는 누구인가. 자신의 속얼굴이 드러나 보일 때까지 묻고 물어야 한다. 건성으로 묻지 말고 목소리 속의 목소리로, 귀 속의 귀에 대고 간절하게 물어야 한다. 해답은 그 물음 속에 들어 있다. 그러나 묻지 않고는 그 해답을 이끌어낼 수 없다. 나는 누구인가. 거듭거듭 물어야 한다. (중략) 자신의 중심을 들여다봐야 한다. 중심은 늘 새롭다. 거죽에 살지 않고 중심에 사는 사람은 어떤 세월 속에서도 좌절하거나 허물어지지 않는다. 나는 누구인가. 이 원초적인 물음을 통해서 늘 중심에 머물러야 한다. 그럼으로써 자기 자신에 대한 각성을 추구해야 한다.

법정 스님은 평생을 자연 속에서 깊은 사색과 때 묻지 않은 마음으로 구도자로서의 삶을 살았다. 위에서 보듯이 그는 세상 사람들에게 내가 누군지를 알기 위해서 '나는 누구인가'의 질문을 건성으로서가 아니라 간절하게 끊임없이 던지며 살아가야 한다고 가르친다. 이 질문을 통해서 내가 중심에 머무를 수 있고 자신에 대한 각성을 통해 내가 누구인지 알 수 있다고 했다.

그러나 정작 우리는 가장 기본적으로 '나'의 의미가 무엇인지 모른다. 자아自我와 자기自己는 다 같이 '나'를 뜻하지만 개념상의 차이가 무엇인지 우리는 더 알 수 없다. 사실 프로이트는 자아와 자기를 구분하지 않았다. 그는 자기의 개념 속에 자아의 구조이론을 포함해 표현했다. 그러나 스위스의 정신의학자인 카를 융은 달랐다. 분석심리학 이론을 창안하고 체계화한 융은 자아와 자기의 개념을 명확하게 구분했다.

그에 의하면 자아ego는 의식의 중심이다. 여기서 의식이란 내가 알고 있는 마음을 의미한다. 의식하고 있는 내 자신에 대한 이미지가 자아다. 그러므로 자아는 의식 영역의 중심부라고 할 수 있다.[50] 어떤 심리 내용이든지 자아와 연결되어 있어야 의식할 수 있다. 의식적 지성, 생각하고 계획하고 일상생활을 영위해가는 지적인 활동들이 자아의 영역에 속한다. 예를 들어 코딩을 배워서 퍼즐 게임과 블록 맞추기를 즐기거나, 미술관에서 큐레이터가 빈센트 반 고흐Vincent van Gogh의 〈별이 빛나는 밤〉 그림에 대한 해설을 실감나게 하는 것은 의식적인 자아와 마주하고 있는 모습이다.

반면에 자기self란 의식과 무의식을 모두 포함하는 정신 현상 전체를 말한다. 여기서 의식이란 내가 알고 있는 마음을 뜻한다. 반면에 가지고는 있지만 모르고 있는 모든 것을 무의식이라고 한다. 부연하자면 전체적으로 하나로 통일된 인격이 자기다. 자기는 인격 전체이면서 동시에 원형原型이다. 여기서 원형이란 인간이 부여받은 보편적인 심성을 말한다. 인간은 무의식적으로 원형으로서의 전체 인격이 되려는 내적 충동을 가지고 태어난다. 통일성과 전일성全一性을 가진 전체 인격은 인간이 무의식을 의식화해나가는 과정에서 서서히 형성되어간다. 하지만 무의식의 세계는 망망한 바다와 같이 끝없이 넓고 깊다. 그러므로 모든 무의식을 남김없이

의식의 세계로 퍼 올릴 수 없다. 하지만 인간은 전체 인격을 갖추기 위해 부단한 노력을 기울이며 살아간다.

그러면 자기실현self-realization이란 무엇인가? 위에서 살펴본 바와 같이 자기란 의식과 무의식을 포함하는 전체이고, 자아란 의식만 존재하는 부분이다. 그러므로 자아는 자기의 부분집합이라고 할 수 있다. 분석심리학에서 자기실현이란 인간이 의식을 넓히면서 자아로부터 전체 인격으로서 자기로 다가가는 것이다.[51] 다시 말해 자기실현은 무의식을 의식화함으로써 궁극적으로 '자기가 되는 것'을 의미한다. 따라서 무의식은 정신활동의 무한한 가능성을 가지고 있는 잠재력을 일깨워서 자기실현을 유발하는 기폭제라고 할 수 있다. 다음에 자기실현의 간단한 예를 하나 들어보자.

L씨는 지천명知天命의 나이가 지나서 뒤돌아보니 열심히는 살았지만 뭔가 해놓은 것이 마땅히 없는 것 같다. 정년퇴직 때까지는 아직 몇 년 남아 있긴 하지만 피크 임금제가 코앞으로 다가왔다. 노후 생활을 위해 나만의 취미가 뭔가를 생각해봤지만 할 줄 아는 게 별로 없다. 악기를 하나 다뤄볼까 생각도 해보지만 학창 시절부터 음치에다 음악에 소질이 없는 자신을 잘 알기 때문에 엄두조차 내지 못한다. 그런데 어느 결혼식에서 신부 측 혼주가 색소폰으로 축가를 연주하는 걸 보고 깊은 감명을 받았다. L씨도 색소폰을 배워 자기 외동딸

결혼식에 축가를 연주할 마음을 먹고 교습소로 달려가 등록했다. 그 후 도끼를 갈아 바늘을 만드는 磨斧爲針 열정으로 색소폰을 열심히 배웠다. 처음에 알토 색소폰으로 입문했으나 1년 후 테너 색소폰으로 업그레이드 했다. 이제 L씨는 아마추어 수준급 연주가가 되어 외동딸이 좋아하는 척 맨지오니Chuck Mangione의 〈Feels So Good〉을 색소폰으로 연주할 결혼식 날짜를 학수고대하고 있다.

위의 예에서 L씨는 음악에 소질이 없어 악기를 연주할 수 없다는 자아를 무의식 속에서 끄집어내어 잠재력을 일깨워 의식화함으로써 원형의 자기가 되었다. 즉 악기를 연주하지 못할 거라는 자아는 사라지고 악기를 연주하는 자기가 실현된 것이다. 이렇듯 자아는 인간이 살아가는 현실 속에 숨겨져 있는 능력을 찾아내어 자기의 뜻을 이루게 해준다.

따라서 인생의 하프라인을 돌아 서드 에이지에 진입하는 50세 전후의 중년들은 우선 '나는 누구인가'라는 치열하고 끊임없는 질문을 통해 각성을 추구해야 한다. 그래야 나의 중심에 서서 자아와 자기를 구분해 자신의 모습을 발견할 수 있다.

지금까지 가정에서 가장으로서의 역할과 직장에서 일에 부여된 직위의 역할에 얽매여 있던 삶에서 자아를 발견해 전체 인격으로 자기에 다가가게 함으로써 자기를 실현해나가야 한다. 이것이 역할 중심의 삶에서 벗어나 인생 후반부의 자기실현의 길로 가는 다운시프트의 첫걸음이다.

4. 니체의 제안,
"아이의 정신으로 살라"

> "순진무구한 자기 안에서 자기 자신으로부터 성장하고
> 꽃을 피워야 한다." - 프리드리히 니체 -

독일의 라이프치히Leipzig는 작센 주에 있는 아름다운 고도古都다. 독일 분단 시절에는 동독령이었다. 인구 45만 정도의 소도시이지만, 역사가 멈춰 있는 듯하고 어쩌면 시간이 거꾸로 흐르는 듯한 음악과 자유의 도시다. 고전음악의 아버지라고 불리는 바흐Johann Sebastian Bach가 파이프 오르간을 연주하던 성 토마스 교회가 있다. 바그너Richard Wagner의 고향이며, 멘델스존Felix Mendelssohn이 생을 마감한 곳이고, 슈만Robert Schumann과 클라라Clara Schumann가 부모의 반대를 무릅쓰고 어렵게 사랑의 결실을 맺은 도시이기도 하다. 600여 년 역사를 자랑하는 라이프치히 대학교는 세계적 대문호 괴테Johann Wolfgang von Goethe와 실존주의 철학의 선구자 니체를 배출

한 세계 지성의 산실이다. 현 독일 총리 앙겔라 메르켈Angela Merkel
의 모교이기도 하다.

라이프치히는 니체에게 대학 시절을 보낸 곳이라는 사실 이상
으로 각별한 도시다. 이곳의 어느 고서점에서 우연히 구입한 책으
로, 아르투어 쇼펜하우어Arthur Schopenhauer의 철학을 알게 되었고,
음악의 대가 바그너를 만난 곳이기도 하다. 쇼펜하우어의 염세주
의와 바그너의 음악은 니체의 철학 세계에 커다란 영향을 미쳤다.
목사의 아들로 태어난 니체가 "신은 죽었다"고 외친 것은 아이러니
하다. 니체의 철학 사상은 엄청나게 방대하다. 여기서는 그중에서
아주 일부만을 간단히 짚어보고자 한다. 인간의 정신 발달에 대한
다음의 세 가지 비유가 단순해 보일 수 있다. 하지만 거기에는 우리
가 놓쳐서는 안 될 인생에 대한 깊은 통찰이 담겨 있다.

니체는《차라투스트라는 이렇게 말했다》에서 인간이 초인超人에
이르는 길을 세 단계로 제시한다. 즉 인간의 정신은 낙타의 정신,
사자의 정신, 아이의 정신을 거치면서 발달해간다고 한다. 먼저 낙
타하면 무엇이 떠오르는가? 아라비아 대상隊商들의 무거운 짐을 등
에 지고 터벅터벅 힘없이 사막 위를 걸어가는 모습이 연상된다. 낙
타는 주인의 무거운 짐을 마다하지 않고 순종하며 모래 길 위를 아
무런 불평 없이 걸어간다.

낙타는 오늘날 우리들이 살아가는 모습과 무척 닮아 있다. 우리

는 가정에서 부모님의 자식으로서, 아들딸의 부모로서, 직장인 또는 사업가로서 헤아릴 수 없이 많은 짐을 지고 살아간다. 자신에게 주어진 역할과 책임감 때문에 짐이 무거워 휘청거리면서도 주어진 길을 걸어가야 한다. 한 걸음조차 움직이기 버거울 때도 있지만 포기하거나 주저앉을 수 없다. 낙타가 사막 길에서 낙오되는 것은 죽음을 의미하기 때문이다. 낙타의 정신으로 표상되는 인간은 자신의 의지대로 독창적인 삶을 누리지 못하고 타자他者가 시키는 대로 따라야 한다. 사회의 가치, 제도나 규범을 절대적 진리로 받아들이고 무조건 복종하며 살아간다.

그다음 단계에선 낙타가 사자로 변한다. 사자는 그렇게는 못 살겠다고 으르렁댄다. 낙타처럼 더 이상 남을 위해 짐을 지고 가거나 순순히 따르지 않는다. 사자는 초원을 자유롭게 누비며 사냥을 한다. 사냥의 성공률은 20퍼센트밖에 안 된다. 사냥을 못하면 굶어죽을 수도 있지만 비굴하지 않다. 자신의 자유로운 선택에 따라 행동한다. 그러나 사자는 늘 고독 속에 살아야 하고 주변에 위험이 상존하고 있어 긴장 속의 자유를 누릴 수 있을 뿐이다. 사자의 정신으로 표상되는 인간은 기존의 가치를 파괴할 수 있지만, 새로운 가치를 창조할 수는 없다. 기존의 가치가 무너지고 나면 무기력한 허무주의nihilism에 빠진다. 체제를 부정할 수 있고 자기 뜻에 맞지 않으면 언제라도 거절할 수 있는 저항정신도 가지고 있다. 하지만 왜 살아야 하는지에 대한 회의가 끊임없이 일어나고 방향을 상실한 채 견딜 수 없는 고통에 시달리기도 한다.

이러한 허무주의를 극복하기 위해 니체가 궁극적으로 제시한 이상적인 인간형은 낙타도 사자도 아닌 어린아이의 모습이다. 아이는 바닷가에서 모래성을 쌓고 곧 파도가 휩쓸어가더라도 또 쌓기 시작한다. 어른들이 어차피 또 파도에 쓸려갈 모래성을 왜 쌓느냐고 나무라도 아랑곳하지 않는다. 아이는 하나의 유희이며 최초의 움직임이고 해맑은 긍정이다. 아이의 정신으로 표상되는 인간은 체제와 규범과 전통에 지배당하지 않는다. 자신의 삶에 충실하며 세상을 속박이 아니라 놀이터로 본다. 실패해도 쉽게 망각하고 새로 즐겁게 시작한다.

니체가 말하는 초인이란 "파괴와 창조, 승리의 기쁨과 패배의 슬픔이 반복되는 이 세계를 웃으면서 긍정하는 자이고, 춤추는 디오니소스처럼 너털웃음을 터뜨리면서 이러한 세계의 한가운데서 환희에 차서 춤추는 자"다.[52] 여기서 초인은 인간보다 위대하고 인간보다 뛰어나며 인간을 구제하는 초월적 능력이나 재능을 가진 존재가 아니다. 아이처럼 어려움과 쉬움을 가리지 않고 성공과 실패를 분별하지도 않으며, 자신이 하는 일을 즐기고 세상과 더불어 놀며 살아가는 신선한 삶의 실천자다.

나는 대학원 강의 때 학생들에게 지금 살아가는 모습이 어떤 단계에 있는지 그림으로 그려보라고 한 적이 있다. 대학원생들은 주로 금융권에 근무하는 직장인들이 대부분이었다. 20～30대 학생들은 낙타를 가장 많이 그렸다. 사자의 그림은 주로 40대 학생 중에서 나왔다. 그러나 아이의 얼굴을 그린 학생은 한 명도 없었다. 아직 초인에 이르기에는 이른 나이였나 보다. 낙타를 그린 학생들은 가정에서는 자녀를 양육하는 가장이고, 회사에서는 일에 얽매여 살아가야만 하는 직장인들이었다. 사자를 그린 학생들은 자신을 얽매고 있는 사슬에서 벗어나 자율적인 의지로 살아가고자 발버둥치는 사람들이다. 나 자신을 되찾아 나를 표현하려고 하나 어디로 가야할지 방향을 설정하지 못해 방황하고 있는 경우가 많다.

나는 학생들에게 인생의 하프라인을 돌아 서드 에이지에 진입할 때면 아이의 정신으로 생각하며 삶의 속도 조절을 위한 다운시프트를 시작하라고 강조한다. 과거의 틀에서 재빨리 벗어나고, 현재를 유희처럼 즐기며, 미래를 두려워하지 않는 아이의 정신으로 살아갈 때 비로소 초인에 다가갈 수 있다. 나를 뛰어넘는 내가 되려면 자존심自尊心은 먼지처럼 털어버리고, 자존감自尊感은 철옹성처럼 지켜야 한다고 조언한다. 자존심은 나무의 가지 같아서 바람이 불면 흔들리기 쉽고 불안정하다.[53] 반면에 자존감은 나를 귀하게 여기고 스스로를 존중하는 감정으로 나 자신의 내면 세계에 존재한다. 이것은 나무의 뿌리 같아서 웬만한 바람에 쉽게 흔들리지 않는다.

　따라서 내가 나 자신이 되려면 나만의 향기가 배어나는 꽃을 피워야 한다. 그러기 위해서는 순진무구한 아이와 같은 행동과 삶의 지혜로 자기 안에서 자존감을 키우며 초인으로 성장해나가야 한다. 그러나 모든 것을 다 갖춘 완전한 초인은 없다. 슈베르트의 〈미완성 교향곡〉이 형식은 미완성이지만, 내용적으로는 미완성이 아닌 시대를 초월하는 영원한 고전음악으로 사랑받고 있는 것과 마찬가지다.

5. 나와 자기중심성의 함정

영국은 해마다 봄이 오면 온 나라가 수선화 천국이다. 매년 3월
중순부터 4월 초순까지 들판이나 호숫가에 만개한 노란 수선화가
대서양에서 불어오는 봄바람에 넘실대는 풍경은 참으로 이국적인
장관을 자아낸다. 영국의 호수지방에서 태어나서 그곳에서 소년
시절과 여생을 보낸 시인 윌리엄 워즈워스는 수선화를 다음과 같
이 노래했다.[54]

은하수처럼 반짝이는 / 별들처럼 이어져 / 물가 따라 끊임없이 / 줄
지어 뻗쳐 있는 수선화 / 즐겁게 춤추며 머리를 살랑대는 / 수많은
꽃을 나는 보았네.

수선화라는 이름은 그리스 신화에서 유래했다. 나르키소스Nar-cissos라는 미소년이 물에 비친 자신의 모습에 반해 사랑하게 되고 그것을 너무 그리워한 나머지 결국 물에 빠져 죽었다고 한다. 미소년이 죽은 자리에 한 송이 꽃이 피어났는데 이 꽃을 그의 이름대로 나르키소스, 즉 수선화라고 불렀다. 이 미소년의 슬픈 이야기로부터 독일의 정신과 의사 폴 네케Paul Necke가 나르시시즘Narcissism이라는 용어를 처음 사용했다. 그 후 프로이트는 정신분석학에서 자신의 존재성이 과장되어 자기 자신을 지나치게 사랑하게 되는 자기애自己愛를 나르시시즘이라고 했다.

예를 들어 거울 앞에 비친 자신의 얼굴을 보고 황홀경에 빠져든다거나, 사랑의 대상이 자신이라고 느끼고 자신을 애무하는 행위 등이 나르시시즘에 해당한다고 할 수 있다. 나르시시즘에 빠지면 자기 자신이 세상의 중심이라고 생각하고 사물의 이치를 주관적으로 해석한다. 대상을 객관적인 시각으로 보지 않고 타인의 입장을 이해하려 하지 않는다. 자기의 이익을 우선시하고 자기에 도취하는 경향이 강해 공감 능력이 떨어지고 타인과의 소통이 어려워진다.

이 장의 〈나의 중심을 늘 들여다보다〉에서 자아의 의식을 확장해 궁극적으로 전체 인격으로서 내가 되는 것을 자기실현이라고 했다. 그러나 자기실현은 나르시시즘과 확연히 구분된다. 왜냐하면 나르시시즘은 나만의 얼굴을 들여다보고 나에게만 애착하는 자기도취에 불과하기 때문이다. 나르시시즘에 빠지면 자기중심적인 사고방식에 갇히게 된다. 자기중심성은 사전적으로는 타인을 고려하지 않고 자신만의 관점, 필요, 입장에서 사고하고 행동하는 특성을 뜻한다. 자기중심적인 사람들은 자신과는 다른 위치에 있는 사람들이 보는 사물의 모습을 이해하지 못한다.[55] 뿐만 아니라, 타인과 소통할 줄도 모르고 타인에 대한 감정이입에도 커다란 한계를 보인다. 자신만의 소우주에 갇혀 있는 독불장군이나 자기 스스로 쇠사슬을 차고 있는 노예와도 같다.

자기중심적 사고방식은 심리학자 최인철 교수가 그의 저서에서 말하는 일종의 자기 프레임이다. 자기라는 프레임에 갇혀 있는 사람은 자신만이 가지고 있는 마음의 창을 통해서 세상을 바라다본다. 이런 사람은 자기의 의사전달이 항상 객관적이라고 믿지만, 자신의 프레임 안에서만 자명할 뿐이다. 타인의 프레임으로 바라다보면 그 내용이 지극히 애매할 따름이다. 이 경우 의사소통에 문제가 생기면 자신을 돌아보지 않고 상대방의 무능력이나 무감각을 탓하기가 일쑤다.[56]

개인으로서 자신은 분명히 내 인생의 주인공임이 틀림없다. 개인을 뜻하는 'individual'의 단어에는 '더 이상 나눌 수 없다'는 의미가 담겨 있다. 나 자신은 더 나눌 수 없는 존재이기 때문에 나의 삶은 그 어느 것에도 귀속될 수 없다. 내가 내 인생의 전부인 셈이다. 그러나 나 자신은 이 세상의 중심은 아니라는 사실을 기억해야 한다. 개인으로서 나는 어디까지나 내가 속한 공동체의 일원, 전체의 일부이기 때문이다.

오스트리아의 심리학자 아들러는 개인이 공동체 의식을 높이기 위해서는 먼저 자기수용을 하라고 조언한다. 자기수용이란 현재의 자기를 있는 그대로 받아들이고, 할 수 있을 때까지 앞으로 나아가는 의지를 말한다.[57] 이것은 자기가 제대로 할 수 없으면서 할 수 있다고 과신하는 자기긍정과는 구분된다. 자기수용에서 더 나아가 타인을 신뢰하면서 타인을 위해 공헌하게 될 때 자기중심성에서 벗어나 공동체 의식을 높일 수 있다.

1960년 5월, 제2차 세계대전 당시 저질러진 유대인 대학살의 전범이 검거되었다. 바로 나치 독일군의 영관급 장교로서 홀로코스트의 최종 실무 책임 장교였던 아돌프 아이히만Adolf Eichmann이다. 그는 독일이 패전하자 위조 여권으로 아르헨티나로 건너가 잠적해 있다가 이스라엘의 비밀 정보기관인 모사드에 의해 체포되었다. 이스라엘로 압송된 아이히만은 광기 어린 난폭한 악질범일 거라는 추측과는 달리 지극히 평범한 50대 중반의 남자에 지나지 않았다. 법정에 선 아이히만은 "자신의 죄를 인정합니까?"라는 재판장의 심문에 "저는 잘못이 없습니다. 단 한 사람도 제 손으로 죽이지 않았습니다. 죽이라고 명령하지도 않았습니다. 제 권한이 아니었으니까요"라고 태연히 대답했다. 오히려 "저는 지시받은 업무를 잘 처리하기 위해서 열심히 일했을 뿐입니다. 도대체 무엇을 인정하란 말입니까?"라고 반문해 판사들을 아연실색하게 했다.

결국 아이히만은 사형 선고를 받고 형장의 이슬로 사라졌다. 독일군 입장에서 보면 아이히만은 히틀러의 충직한 부하였다. 적어도 주어진 임무를 충실히 수행하는 근면하고 모범적인 군인이었다. 그러나 아이히만은 자기중심주의에 빠져 타인의 고통을 헤아릴 줄 모르는 전형적인 나르시시스트였다. 지나친 자기중심성에 매몰되어 자신이 무엇을 하고 있는지 결코 깨닫지 못했고, 무조건 명령에 복종하며 자기행위의 선악과 정사正邪에 대한 변별력을 상실했다.

해마다 봄이 오면 영국의 들판에 흐드러지게 피던 아름다운 수선화가 생각나곤 한다. 그리고 자기 얼굴에 반해 물에 빠져 죽어서 수선화로 피어난 나르키소스의 슬픈 신화를 떠올린다. 자아와 자기를 구별하고 의식을 확대해 전체 인격으로서 자기실현을 추구해 나가야 하겠지만, 내 얼굴만을 바라보고 타인의 입장을 이해하지 않는 자기중심성의 함정에 빠져들어서는 안 된다. 특히, 50세 이후 인생의 후반부에 접어들수록 가치관이 고착화되면서 자기중심적 사고방식에 매몰될 수 있다는 사실에 각별히 유념해야 한다.

지금까지 4장, 5장에서 서드 에이지는 새로운 2차 성장을 위한 삶의 전환점이며 다운시프트를 통해 지금까지의 역할 중심의 삶에서 벗어나 자기실현을 달성해나가는 시기라는 것을 살펴보았다. 이제 인생의 궁극적인 목적이자 의미라고 할 수 있는 행복의 조건과 행복경제학을 다시 생각해보기 위해 다음 장으로 넘어가보자.

제6장

행복한 삶의 조건

1. 플라톤과
아리스토텔레스의 행복론

"인생은 흘러가는 것이 아니라 채워지는 것이다.
우리는 하루하루를 보내는 것이 아니라
내가 가진 무엇으로 채워가는 것이다." - 존 러스킨 -

16세기 르네상스 시대의 유명한 미술가이자 건축가인 라파엘로 Raphael는 당시 교황 율리우스 2세의 요청에 따라 바티칸 궁에 거대한 〈아테네 학당〉이라는 프레스코fresco 벽화를 그렸다. 이 벽화는 고대 그리스를 풍미했던 인문주의가 재현된 당시 르네상스 시대의 분위기를 생생하게 표현해주고 있다. 라파엘로는 고대 그리스 시대 54명의 철학자들과 현인들을 한 폭의 벽화에 그려 넣고 그들이 이성적으로 진리를 탐구하는 진지한 모습을 담아내려고 했다. 재미있게도 이 벽화를 보면 타임머신을 타고 수천 년 전 고대 그리스 시대로 여행을 하고 있는 듯한 기분이 든다. 벽화 속의 현인들이 취하고 있는 자세와 포즈는 자신의 사상이나 학문적 업적을 자연스

| [그림 6-1] 〈아테네 학당〉(부분도)

럽게 묘사하고 있다. 우리에게도 그 이름이 익숙한 철학자들이 여러 그룹으로 나뉘어 철학적 문제를 서로 토론하고 있는 모습을 보면 너무 진지하다 못해 심각할 정도다.

지금 〈아테네 학당〉 이야기를 꺼내고 있는 이유는 그림 자체 때문이 아니다. 이 벽화의 정중앙에 있는 고대 그리스 시대의 지성을 대표하는 두 철학자 아리스토텔레스와 플라톤의 행복론이 무엇인지 궁금해서다. [그림 6-1]에서 중앙의 오른쪽에 있는 사람이 지식의 백과사전이라고 불리는 아리스토텔레스다.[58] 중앙 왼쪽에 있는 사람이 관념론 철학을 상징하는 플라톤이다.

〈아테네 학당〉을 자세히 살펴보면 아리스토텔레스는 책을 한

권 들고 있다. 이 책의 주제가 윤리학이다. 아리스토텔레스의 윤리학은 행복론이라고 불리기도 한다. 아리스토텔레스는 인생의 궁극적인 목적은 최고선인 행복을 얻는 데 있다고 했다. 여기서 그가 말하는 행복을 에우다이모니아eudaimonia라고 한다. 이 단어는 eu좋은, good와 daimon정신, spirit의 합성어로서 '좋은 정신' 또는 '좋은 마음'을 뜻한다. 그러므로 행복은 지적인 탁월함으로 진리를 탐구해나가는 삶, 그리고 높은 도덕 기준의 윤리적 삶을 통해 얻는 영혼의 만족 상태를 말한다. 예를 들어 이성적인 연구 능력으로 지적인 탁월함을 발휘하거나 올바른 행동을 통해 도덕적으로 귀감이 될 때 행복을 얻는 것이다. 하지만 우연한 일, 욕구 충족에서 오는 행복과는 무관하다. 따라서 행복은 욕구 충족의 대상이 아니라 이성적이고 윤리적인 삶 뒤에 따라오는 결과물이다.

반면에 플라톤은 현실적 삶보다 이데아idea 세계에 대한 깨우침을 진정한 행복으로 보았다. 여기서 이데아란 늘 변하는 현상의 세계와는 달리 절대 변하지 않는 참된 이성의 세계를 말한다. 그는 느끼는 것만이 아니라 실천함으로써 행복을 얻을 수 있다고 했다. 플라톤의 행복론은 관념적이고 추상적이어서 이해하기 좀 난해하다. 대신 플라톤이 제시한 행복의 조건이 무엇인지 보자. 플라톤은 먹고살 만한 수준보다 다소 적은 듯한 재산, 누구에게나 부러움을 사기에는 약간 빠지는 용모, 자신이 기대하는 것보다 절반밖에 인정받지 못하는 명예, 두 사람에게는 지지만 한 사람에게는 이길 정도의 체력, 연설을 해서 절반 정도의 청중으로부터 박수를 받을 수 있는 말솜씨만 있으면 행복해질 수 있다고 했다.

이상에서 살펴본 두 철학자의 행복론은 좀 어려운 것 같지만 정리해보면 간단하다. 즉, 아리스토텔레스의 행복이란 욕구 충족이 아니라 최고선을 위한 이성적인 진리 탐구와 윤리적인 행동의 결과로 얻어지는 것이다. 플라톤의 경우에는 참된 이성의 세계에서 완벽을 추구하기보다는 조금은 부족한 상태에서 만족할 때 행복해진다는 것이 핵심이다.

여기서 행복론에 대한 좀 더 구체적인 예로 톨스토이의 문학을 살펴보자. "우리는 톨스토이에 관한 책만으로도 도서관 하나를 꽉 채울 수 있을 것이다"라는 말이 있다. 19세기 러시아가 낳은 세계적 문호 톨스토이의 위대한 문학적 업적을 높이 칭송해서 이르는 말이다. 톨스토이는 《전쟁과 평화》, 《안나 카레리나》와 같은 장편소설을 주로 썼지만 여러 편의 주옥같은 단편소설을 남기기도 했다. 다음은 그의 단편소설 〈사람에겐 얼마만큼의 땅이 필요한가?〉의 줄거리다.[59]

바흠은 아내와 함께 열심히 농사를 짓는 성실한 농부였다. 자기 소유의 땅이 별로 없던 바흠은 유독 땅 욕심이 많았다. 그러던 어느 날,

한 상인으로부터 바시키르에 가면 공짜로 땅을 얻을 수 있다는 이야기를 들었다. 바흠은 하늘이 준 기회라고 생각했다. 아내를 남겨 놓고 하인과 함께 서둘러 집을 떠났다. 일주일 만에 바시키르 유목지에 이르렀다. 바시키르 촌장은 아침에 출발해서 저녁에 돌아오면 왕복한 만큼의 땅을 모두 주겠다고 약속했다. 바흠은 정말 신이 났다. 넓은 땅을 가지려고 되도록 멀리까지 달려갔다. 그런데 너무 멀리 가고 말았다. 해가 지기 전에 출발지에 도착하기가 어려울 거 같았다. 바흠은 물통도 내던지고 온 힘을 다해 뛰었다. 하지만 이미 있는 힘을 다 써서 탈진한 상태였다. 출발점에 가까스로 도착한 바흠은 촌장 앞에서 결국 피를 토하며 숨을 거두고 말았다. 하인은 괭이로 바흠의 무덤을 팠다. 그는 자신의 머리에서 발끝까지의 치수대로 정확하게 2미터 정도의 무덤에 묻혔다. 땅 욕심 때문에 죽었는데, 그가 차지할 수 있었던 땅은 그게 전부였다.

〈아테네 학당〉의 프레스코 벽화 정중앙에 서 있는 두 철학자는 톨스토이 소설에 나오는 농부 바흠의 삶을 어떻게 비판했을까? 아리스토텔레스의 행복의 관점에서 보면 바흠은 이성적으로 진리를 탐구해나가는 삶을 살지 않았다. 도덕적 측면에서도 정당한 노동의 대가 없이 땅을 차지하려 했으므로 반윤리적이다. 따라서 인간이 추구해야 할 최고선을 상실했으므로 바흠은 전혀 행복에 이를 수 없다. 그는 땅을 소유하려는 욕구 충족의 삶을 살았으니 이성적이고 윤리적인 삶과는 거리가 멀다.

플라톤의 행복의 관점에서 보면 어떤가? 바흠은 항상 변하는 세상에서 현상의 가치만을 추구하며 살았다. 그는 절대 변하지 않는 참된 이성의 세계인 이데아와는 너무 거리가 먼 세상에서 살았다. 좀 덜 채워지고 조금 부족한 것에 만족하지 못하고 끊임없이 땅에 대한 욕심만 불태우며 살았다. 그러므로 그의 삶은 플라톤의 행복의 정의와 조건에도 전혀 부합하지 않는다. 바흠은 성실했지만 어리석고 불행한 삶을 살고 간 농부다.

인생 100세 시대라지만 인생은 흘러가면 다시 오지 않는다. 〈아테네 학당〉의 앞쪽 계단에 팔꿈치를 기댄 채 깊은 생각에 잠겨 있는 헤라클레이토스Heraclitus of Ephesus가 말했듯이 인간은 같은 강물에 두 번 발을 담글 수 없다. 그러기에 인생은 흘러가는 것이 아니라 채워져야 한다. 우리가 살아가는 하루하루를 어떻게 채워야 하는지는 각자의 행복에 대한 가치관과 자기 자신이 설정한 올바른 행복의 조건에 달려 있다. 인생의 하프라인을 향해 달려가는 사람들이나 이미 넘어온 사람일수록 〈아테네 학당〉 정중앙에 있는 두 철학자의 행복에 대한 가르침에 귀를 기울여야 한다.

2. 〈모나리자〉의 17퍼센트 불행한 미소

> "사람은 행복해지기로 결심하고 있는 한 행복하다.
> 아무도 그를 막지 못한다." – 알렉산드르 솔제니친 –

프랑스 파리의 루브르 박물관은 영국 런던의 대영박물관, 바티칸 시티의 바티칸 박물관과 함께 세계 3대 박물관으로 꼽힌다. 한때는 왕궁으로 쓰였다가 18세기 말 궁전의 일부가 미술관으로 쓰이면서 박물관으로 탈바꿈했다. 고대 그리스·로마 시대부터 고대 오리엔트, 이슬람권과 유럽의 다양한 지역에서 수집한 그림, 회화, 조각 등 30만 점의 귀중한 예술품들이 소장되어 있다. 인류가 수천 년의 역사를 통해 일구어낸 문화와 문명의 세계적 보고寶庫 중의 하나라고 할 수 있다. 몇 년 전 파리에 갔다가 루브르 박물관을 찾은 적이 있다. 박물관 전체를 관람하려면 며칠이 걸린다고 한다. 일정의 자투리 시간을 쪼개서 방대한 소장품들을 한나절에 둘러보

려니 그야말로 주마간산走馬看山이다. 박물관 여행객 안내자의 조언에 따르면 시간이 넉넉하지 않을 때는 관심 있는 작품을 정해서 위치를 파악해 동선을 미리 짜두는 것이 좋다고 했다.

나는 학창 시절부터 그림책 혹은 달력에 있는 그림으로만 보았던 중세의 화가 레오나르도 다빈치Leonardo da Vinci가 그린 세계적 유산인 〈모나리자〉를 직접 실물로 보고 싶은 마음이 간절했다. 모나리자는 영원하고 이상적인 여인으로서, 엷은 입술 위에 띠고 있는 잔잔한 미소는 완벽한 여성성의 비밀을 간직하고 있는 선녀처럼 보인다. 루브르 박물관에는 이 명화를 보려는 관광객이 너무나 많아서 따로 이정표가 그려져 있을 정도다. 〈모나리자〉는 박물관 2층 중앙홀 부근에 걸려 있다. 그곳에 올라가보니 수많은 사람들로 북적대고 있었다. 여기서 〈모나리자〉를 지근거리에서 보려면 다른 사람들의 눈치를 보거나 오래 기다려야 한다. 얼마나 기다렸을까 드디어 〈모나리자〉 앞에 가까이 섰다. 그러나 이상하게도 기대했던 것보다 마음속에서 별다른 감동이나 감흥이 느껴지지 않았다. 학창 시절부터 애타게 보고 싶었던 간절한 마음이 허탈감으로 변해서일까? 자그마한 화폭의 빛바랜 그림틀 안에서 가벼운 미소를 짓고 있는 한 여인의 모습이 애처롭고 슬프게 느껴졌다.

미국 일리노이 대학교의 에드워드 디너Edward Diener 교수는 행복과학 분야에서 세계적으로 권위 있는 심리학자로 알려져 있다.

디너는 모나리자의 얼굴상에 나타난 감정을 컴퓨터 알고리즘으로 분석해 재미있는 연구 결과를 도출해냈다. 모나리자의 얼굴은 83퍼센트만 행복한 감정을 나타내고 있고, 나머지 17퍼센트에는 혐오감, 두려움, 분노 등 불행한 감정이 뒤섞여 있다고 한다.[60] 내가 루브르 박물관에 가서 실물을 직접 봤을 때 느낀 모나리자의 애처로움이나 슬픔은 바로 이 17퍼센트의 부정적인 감정선에서 나온 것 같다. 그러나 아이러니하게도 모나리자가 머금고 있는 미소의 오묘함과 신비스러움은 83퍼센트의 긍정적인 감정의 덕분이 아니라 17퍼센트의 부정적인 감정이 투영되어 나오는 것이라고 한다. 디너는 긍정적인 행복과 부정적인 감정이 조화를 이루고 있기 때문에 모나리자의 미소가 아름답게 느껴지는 것이라고 한다. 그러면서 디너는 "조금은 불행한 상태에서 행복을 구하라"라고 조언한다.

한편 인간의 지능지수를 개발한 미국 스탠포드 대학교의 연구팀이 약 1,500명의 천재아天才兒를 선발해 그들의 가정생활, 개성, 능력, 성장사 등을 장기적으로 추적해 조사한 적이 있다. 결과는 행복에 전력투구하며 살았던 천재들은 보통의 행복에 만족하며 살았던 천재들보다 더 일찍 사망한 것으로 나타났다. 행복에 대한 지나친 성취욕이 오히려 그들의 수명을 단축시킨 것이다. 그러므로 약간은 부족한 행복이 진짜 행복이라고 할 수 있다. 다시 말해 완벽한 행복은 없다. 이것은 앞에서 "조금은 부족한 상태에서 만족할 때 행복해진다"는 플라톤의 행복관과 맥을 같이 한다.

위에서 보듯이 루브르 박물관에 소장된 〈모나리자〉는 보는 사람의 관점에 따라 행복하게 보일 수도 있고 슬퍼 보일 수도 있다. 그녀가 머금고 있는 미소가 천사의 미소처럼 신비롭고 아름답게 보일 수도 있지만, 어떤 사람들에게는 냉정하고 섬뜩한 느낌으로 다가올 수도 있다. 또한 천재 중에서 조금은 부족한 행복을 추구하며 살았던 사람들이 완벽한 행복을 좇아 살았던 사람들보다 더 장수를 누렸다.

따라서 행복이란 사람들이 자신의 마음의 창으로 느끼는 '주관적 안녕감subjective well-being'이라고 할 수 있다.[61] 여기서 주관적 안녕감이란 심리학에서 행복에 해당하는 학문적 용어다. 주관적 안녕감은 내면의 세계에 있는 마음의 탐지기로 느끼는 자신만의 감정이다. 주관적 안녕감은 개인이 자신의 삶에 대한 긍정적이고 바람직한 정서를 합한 값에서 부정적이고 바람직하지 않은 정서를 뺀 것을 말한다. 긍정적인 정서의 예로는 즐거움, 기쁨, 만족감 등을 들 수 있다. 부정적인 정서에는 노여움, 슬픔, 긴장, 근심, 우울감 등이 있다. 주관적 안녕감은 개인이 직접 체험한 범위 안에 있는 요소들로만 측정된다. 그러나 우리가 주목해야 할 것은 건강, 미덕, 부 등 객관적 요소와는 직접적인 관련이 없다는 점이다.[62]

주관적 안녕감은 오로지 자신에 의해서만 평가되고 측정되는 철저한 내적인 자기 경험이기 때문에 결코 남에 의해서 인정되거나 남의 것과 비교될 수도 없다. 더군다나 인위적으로 외부적 요건을 만들어 높일 수 있는 성질의 것도 아니다. 이러한 관점에서 주관적 안녕감은 스스로가 채워 넣는 마음의 창고다. 그러나 내 창고 안에 쌓여 있는 행복에 만족하지 못하고 남에게 보여주기 위한 창고로 포장하는 데 여념이 없는 사람들이 주변에 적지 않다. 고전음악의 신동이라고 불리는 모차르트의 일대기를 그린 영화 〈아마데우스〉에 나오는 안토니오 사리에리Antonio Sarieri는 천재성을 가진 모차르트를 부러워하며 항상 열등감 속에서 살았다. 모차르트와 자신을 언제나 비교하며 살았던 사리에리는 평생 행복하지 못했을 것이다.

대학원에서 개인재무설계 강의나 일반 산업체에서 노후설계 관련 특강을 할 때 수강생들로부터 흔히 받는 질문 중의 하나가 "인생에서 행복이란 과연 무엇인가요?"라는 것이다. 나는 "그 누구도 행복을 자신 있게 정의할 사람은 없다"고 답한다. 왜냐하면 행복이란 극히 개인적이고 주관적으로 느끼는 자기만의 체험이기 때문이다. 누가 행복을 정의했다 하더라도 그것은 자신의 잣대로 만들어낸 맞춤형 프리즘에 불과하다. 그래서 심리학자들조차도 행복을 선뜻 정의하는 데 별 관심이 없다. 정말로 위험한 발상은 돈만 있으면 행복하다고 생각하는 것이다. 주관적 안녕감은 돈이라는 객관적이고 외적인 요소와 아무런 관련이 없다. 일정 기준 이하로 가난한 사람을 제외하고는 소득과 주관적 안녕감 사이에 유의적인 상관관계도 존재하지 않는다.

따라서 이제부터는 돈이라는 프레임으로 바라보던 삶의 가치에 대한 관점과 행복의 개념을 초기화해야 한다. 디너 교수가 그랬듯이 그동안 철학의 울타리 속에 갇혀 있던 행복을 끄집어내 과학적인 틀에서 주관적 안녕감에 대한 개념으로 대체해야 한다. 이러한 노력을 통해서만 루브르 박물관에 있는 모나리자의 미소를 애처롭고 슬픈 17퍼센트의 감정으로도 행복하게 바라볼 수 있을 것이다.

3. 이스털린의 역설

"돈은 숫자이고 수에는 끝이 없다. 행복하기 위해 돈이 필요하다면,
끝없이 행복을 찾아야 할 것이다." — 밥 말리 —

잠시 수십 년 전 학창시절의 수학 시간으로 시곗바늘을 돌려보자. '집합과 명제'는 쉬운 것 같지만 헷갈릴 때가 많았다. 특히 이에 대해서는 논리적 사고가 필요한 경우가 많아 시험 때 엉뚱한 생각을 하다 보면 틀리기 일쑤였다. 명제의 기초 개념을 배울 때 "P→Q가 참일 때, P는 Q이기 위한 충분조건이고 Q는 P이기 위한 필요조건이다"라는 개념을 기억하는가? 금방 알 수 있는 것 같지만 용어가 어렵다. 이때 수학 선생님은 아주 기발한 예를 하나 들어 칠판에 적고 학생들을 이해시키려고 한다.

수학 선생님은 큰 길 건너편에 있는 E여고를 가리키며 "E여고생은 여자다. E여고생은 여자이기 위한 충분조건이고, 여자는 E

| [그림 6-2] 행복과 소득의 상관관계

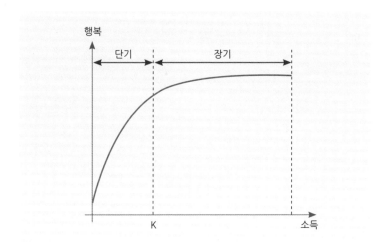

여고생이 되기 위한 필요조건이다." 그리고 다음과 같은 부연 설명이 뒤따른다. "E여고에는 남학생이 한 명도 없기 때문에 명제는 참이다. E여고생이기만 하면 당연히 여자이지 않냐? 그래서 여자이기 위해서는 E여고생이기만 하면 '충분'하다." 그러나 이 명제의 역, "여자는 E여고생이다"는 거짓이다. 왜냐하면 모든 여자가 E여고생이 될 수 없기 때문이다. 그러므로 E여고생이 되기 위해서는 먼저 여자이어야 하는 것이 '필요'하다. 이것이 충분조건과 필요조건의 개념이다.

1974년 미국 서던캘리포니아 대학교 경제학 교수인 리처드 이스털린은 재미있고 의미 있는 논문 한 편을 발표했다. [63]

[그림 6-2]에서 볼 수 있듯이 단기적으로 소득이 증가하면 행복도 비례적으로 증가한다. 즉 소득이 증가할 때 소득과 행복은 양(+)의 상관관계를 가진다. 그러나 소득 수준이 k값을 넘어가면 소득이 증가함에 따라 행복 수준은 비례적으로 증가하지 않는다. 장기적으로는 소득이 아무리 증가한다고 해도 행복은 늘어나지 않는다. 결국 소득과 행복의 상관계수는 제로에 가까워진다. 학계에서 이러한 현상을 연구자의 이름을 따서 '이스털린의 역설'이라고 부른다. 부연하자면 소득이 늘어나도 반드시 행복으로 연결되지 않는다는 주장이다.

2009년 이스털린은 이 이론을 선진국, 개발도상국, 그리고 체제 이행국 등 37개 국가의 행복도를 연구하는 데 적용했는데 마찬가지 결론을 얻었다. 즉 어느 국가에서나 소득이 어느 일정 수준을 넘어가면 행복도가 비례적으로 증가하지 않는다는 것이다.[64] 이러한 연구 결과는 오세아니아의 바누아투, 중미의 코스타리카 같은 소득 수준이 낮은 나라에서 국민들의 행복지수가 높게 나타나고, 미국 같은 선진국에서는 오히려 행복지수가 저조하게 나온다는 다른 연구의 주장을 뒷받침하는 근거로 사용되기도 한다.

이제 다시 앞의 수학시간으로 돌아가보자. 이스털린의 연구 결과로부터 단기적으로 소득(돈)은 행복을 위한 충분조건이 된다. 그러나 장기적으로는 돈이 있다고 반드시 행복한 것이 아니므로 돈은 행복을 위한 필요조건으로 바뀐다. 장기적으로 행복해지기 위해서는 돈이 필요하기는 하지만 돈이 많다고 해서 반드시 행복한 것은 아닌 것이다. 즉, 돈은 행복을 위한 필요조건이긴 하지만 충분조건은 아니라는 얘기다. 결국 돈은 인생의 행복을 담보해주지 않는다.

그러면 과연 소득과 행복의 비례관계가 무너지기 시작하는 k값으로 표시되는 소득 수준은 얼마인지가 궁금하다. 미국 프린스턴대학교 교수이며 노벨경제학상 수상자인 대니얼 카너먼Daniel Kahneman과 앵거스 디턴Angus Deaton은 2008~2009년 미국인 45만 명을 대상으로 국민행복지수를 분석했다.[65] 연구 결과에 따르면 돈과 행복의 유의적인 상관관계가 소멸되는 k값은 연간 가계소득 7만 5,000달러다. 즉, 이 문지방을 넘어가면 돈을 더 벌어도 일상적인 행복감은 크게 증가하지 않는다. 돈을 많이 벌어야 행복할 것 같지만, 행복감을 느끼게 하는 돈의 상한선은 그리 높지 않다. 미국에서 그 돈의 상한선은 우리 돈으로 약 8,000만 원 정도에 해당한다.

왜 그럴까? 소득 수준이 높아져 생겨난 부의 효과는 오래가지 못한다. 시간이 지나 부의 효과에 익숙해지면 그 행복을 망각하고 새로운 행복을 추구하기 때문이다. 이것은 감기 환자가 항생제를 많이 복용하면 바이러스가 항생제에 내성이 생겨 더 강한 항생제를 처방받아야 하는 경우와 마찬가지다. 행복은 바이러스와 같은 속성을 가졌나 보다. 영국의 신경제재단New Economic Foundation은 해마다 지구촌의 행복지수Happy Planet Index를 발표한다. 2016년 조사 자료에 따르면 세계 140개 국가 중에서 행복지수가 가장 높은 나라는 중미의 코스타리카였다. 멕시코, 콜롬비아, 바누아투가 그 뒤를 잇는다. 미국은 108위, 캐나다 85위, 독일 49위로 소득이 높은 선진국들의 행복지수는 이스털린의 역설대로 낮게 나타났다. 우리나라 국민의 행복지수는 80위였다.

산업화 이전인 1961년에 85달러에 불과했던 우리나라의 1인당 국민소득은 고도성장에 힘입어 구매력 기준으로 3만 달러를 상회할 정도로 불어났다. 하지만 국민들이 느끼는 행복지수는 세계 140개 국가에서 중하위권에 속한다. 높은 경제성장으로 물질적으로는 더 풍요로워졌지만, 국민들이 느끼는 행복감은 낮은 수준에 머물고 있다. 우리나라에도 이스털린의 역설이 그대로 적용된다는 얘기다. 산업화 시대에 가속페달만 밟고 달려온 삶에서 벗어나 이제부터는 다운시프트로 속도를 조절하며 살아가야 한다. 돈으로부터 얻을 수 있는 행복은 다다익선多多益善이 아니라 과유불급過猶不及이기 때문이다.

4. 행복이란
불행하지 않은 상태가 아니다

> "행복의 원리는 간단하다. 불만에 자기가 속지 않으면 된다."
> – 버틀란트 러셀 –

1990년대 초 대니 드비토Danny DeVito 감독의 〈장미의 전쟁〉이라는 미국 영화가 개봉된 적이 있다. 올리버와 바버라 부부의 사랑싸움을 소재로 한 코미디 드라마다.

이 영화에서 남편 올리버는 장래가 촉망되는 야심찬 변호사 초년생이고, 아내 바버라는 매사에 적극적이며 건강미 넘치는 여인이다. 처음에는 아들과 딸 두 자녀를 낳아 기르며 집도 마련하고 자동차도 사고 행복한 결혼생활을 영위했다. 아이들도 잘 자라주어서 둘 다 하버드 대학교에 진학했다. 그러나 생활이 안정되고 경제적 여유가 생겨나면서 부부 사이에 의견 충돌이 잦아지기 시작했다. 두 자녀가 대학의 기숙사로 떠난 후 바버라는 삶의 무력감을 느끼며 가정생활에 점점 불만이 쌓여갔다. 드디어 집에 대한 소유권을 놓고 한 치의 양보도 없는 부부싸움이 시작된다. 체조선수 출신인 바버라는 남편에게 절대 밀리지 않고 치열하게 싸운다. 집안에 경계를 그어놓고 서로 침범하지 말기로 했지만 그것도 잠시다. 부부싸움의 끝판왕을 보여주는 듯하다. 결국엔 거실에 설치한 샹들리에를 서로 붙잡고 티격태격하다가 추락하면서 둘 다 사망하고 만다. 영화 제목으로 봐서는 해피엔딩일 줄 알았는데 비극적인 종말로 막을 내렸다.

시오노 나나미塩野七生의 베스트셀러《로마인 이야기》에는 로마 제국에 있었던 '비리프라카'라는 여신의 이야기가 나온다. 이 여신은 부부싸움을 중재하는 가정의 수호신이다. 가정에서 부부싸움이 벌어지면 일단 꾹 참고 여신이 모셔져 있는 신전으로 간다. 여신 앞에서 반드시 지켜야 할 규칙이 하나 있다. 남편이든 아내든 한 번에 한 사람씩만 여신에게 호소해야 한다. 다른 한쪽은 반드시 끝까지 꾹 참고 듣고 있을 수밖에 없다. 잠자코 한쪽의 하소연을 경청하고 있노라면 상대의 주장에도 일리가 있다는 생각이 들게 된다. 부부가 번갈아 가며 이러한 과정을 반복하는 동안 처음에 격분했던 감정도 점차 삭혀지고 드높았던 목청도 차분하게 가라앉는다. 드디어 부부는 서로 화해하게 되고 다정히 손을 잡고 가정으로 돌아간다. 비리프라카 여신의 도움이 있었더라면 올리버와 바버라도 부부관계를 회복하고 행복한 가정생활을 되찾을 수 있었을지도 모른다.

영화 〈장미의 전쟁〉에서 올리버와 바버라 부부는 결혼생활 전반부에는 긍정적 정서가 많았다. 그러나 가정생활이 경제적으로 안정되고 자녀가 대학의 기숙사로 떠난 후부터 권태와 무기력 같은 부정적 정서가 생겨났다. 이것이 결혼생활 전반부에 쌓아놓았던 긍정적 정서를 순식간에 압도해버리면서 비극적인 종말을 맞이하게 된 것이다. 결혼생활에 긍정적 정서와 부정적 정서의 균형점은 없다. 천칭은 힘의 균형 원리를 이용해 물체의 무게를 정확히 측정해주는 기구다. 만일 부부 사이의 긍정적인 정서와 부정적인 정서의 무게가 같다면 천칭이 균형을 이루듯이 부부싸움은 없다. 그러나 결혼생활에는 천칭의 균형 법칙이 작용하지 않는다. 왜냐하면 긍정적인 정서와 부정적인 정서가 완전히 분리되어 다른 메모리에 저장되기 때문이다. 더욱 심각한 문제는 부정적 정서가 긍정적 정서보다 압도적인 힘을 가지고 있다는 데 있다. 부정적인 정서의 작용이 커지면 긍정적 정서의 무게 추는 아무 힘을 못 쓰고 천칭의 균형은 그대로 무너지고 부부싸움은 수습이 안 된다.

마찬가지로 행복과 불행도 결혼생활의 긍정·부정적 정서처럼 본질적으로 다른 개념이다. 몸은 하나이지만 사람의 마음속에는 행복을 느끼게 하는 긍정적 정서와 불행을 느끼게 하는 부정적 정서가 공존한다. 행복과 불행은 장미나무에 피어 있는 장미꽃과 가시처럼 완전히 다른 속성을 가진다. 어떤 시인은 장미에 가시가 있어서 장미꽃이 더 아름답다고 노래하기도 한다. 그러나 장미동산에 만개한 아름다운 꽃송이를 보며 느꼈던 쾌감과 뾰족한 가시에 찔려 아팠던 통증은 인간의 뇌에 완전히 별개의 체험으로 서로 다른 기억의 상자에 저장된다.

행복과 불행이 본질적으로 다른 속성을 가질 수밖에 없는 것은 인간의 진화 과정을 보더라도 분명하다. 인간을 행복하게 하는 긍정적인 정서는 생존하는 데 필요한 쾌감으로부터 나온다. 아프리카의 사바나에서 며칠 동안 굶주린 사자를 생각해보자. 이 사자가 다른 동물을 사냥해 먹는 즐거움이나 쾌감을 느끼지 못한다면 사냥을 하지 않고 그대로 굶어죽고 말 것이다. 사자들은 물소 떼가 지나갈 때 한 녀석을 사냥해 쓰러뜨리고 새끼들과 함께 식사할 때 행복감을 느낀다. 이러한 쾌감을 지속적으로 느끼기 위해서 다른 사냥감을 찾아 나서게 되고 반복적인 사냥을 통해 생존해나갈 수 있다. 인간도 수렵어로 시대에 산짐승과 물고기를 사냥해서 먹고살았다. 다만 인간이 사자와 같은 포식자와 다른 것은 돌이나 쇳조각으로 도구를 만들어 사냥했다는 점이다. 사람들이 행복을 추구하는 근본적 이유는 쾌감이라는 긍정적 정서를 통해 생존에 필요한 자원을 확보하기 위해서다.

반면에 불행에 관련되는 부정적 정서는 위험한 상황에서 자신을 방어하고 위협으로부터 보호해주는 기능을 한다. 위의 예에서 물소는 사바나의 우거진 관목 뒤에 숨어서 사냥감을 노리고 있는 사자와 맞닥뜨린 순간 생명의 위협을 느낀다. 굶주린 사자의 배고픔에 이글거리는 눈빛으로부터 감지되는 공포, 불안 등의 부정적인 정서는 본능적인 자기방어 기제를 유발시킨다. 마찬가지로 인간의 뇌는 숲길을 걸어가다가 뱀을 만났을 때 두려움이나 징그러움 같은 부정적인 정서를 불러일으켜 위험한 상황으로부터 피하라는 명령을 내리게 된다.

위에서 사자가 느끼는 긍정적 정서와 물소의 부정적 정서는 완전히 다른 독립적인 경험이다. 따라서 행복의 증가와 불행의 감소는 서로 별개의 현상이다.[66] 인간의 행복과 불행을 관장하는 뇌의 시스템은 마치 온수와 냉수 두 꼭지가 독립적으로 달려 있는 욕조와 같다. 목욕을 할 때 욕조의 최적 온도는 섭씨 41도 정도라고 한다. 목욕을 하던 중 온도가 35도로 내려갔다고 하자. 냉수 꼭지를 막아 놓고 온도가 올라가기를 아무리 기다려봤자 물은 더 차가워지기만 한다. 온수 꼭지를 틀어 물이 나오도록 하지 않는 한 욕조의 물은 더 따뜻해지지 않는다. 마찬가지로 우리의 삶 속에서 부정적인 정서를 차단하는 것보다 긍정적인 정서를 더 자주 느끼려는 적극적인 노력이 있을 때만 행복감을 높일 수 있다. 불행을 유발하는 부정적인 요소만을 줄이려는 소극적인 삶의 태도로는 절대로 행복해질 수 없다. 불행을 줄이려고 노력하는 수동적인 사람은 행복해지기커녕 더 불행해지기 십상인 것이다.

위에서 보았듯이 행복과 불행은 완전히 다른 정서적 경험에서 나온다. 그러므로 행복이란 불행하지 않은 상태가 아니다. 불행을 줄인다고 해서 행복이 늘어나지 않기 때문이다. 따라서 삶에 대한 만족도를 높이고 즐거움, 기쁨, 자긍심 같은 긍정적 정서의 요소들을 지속적으로 늘리려는 능동적인 태도만이 행복한 인생에 이르는 지름길이다. 올리버와 바버라의 경우에도 결혼생활에 애정과 배려, 존중 같은 긍정적 정서를 늘리려는 적극적인 노력을 기울였다면 장미의 전쟁은 일어나지 않았을는지도 모른다.

5. 행복은 강도보다 빈도다

> "고통스러운 탈진과 즐거운 재생의 순환 이외에
> 지속적인 행복은 없다." – 한나 아렌트 –

　어느 날 프리랜서로 일하는 K씨는 친목계 모임에 갔다가 집으로 가는 길에 아내와 함께 로또가게 앞을 지나게 되었다. 지금까지 K씨는 복권을 사본 적이 한 번도 없었다. 어젯밤 꿈에 돌아가신 아버님이 나타나 환히 웃고 있는 모습이 갑자기 머리를 스쳐갔다. 혹시 이게 길몽이 아닐까? 요즘 사업도 신통치 않은데 복권이나 한번 사볼까 하는 생각에 로또가게 안으로 들어갔다. 가게 주인은 즉석식 복권을 한번 사보는 게 어떻겠냐고 권유했다. 복권을 구입하자마자 당첨 여부를 즉석에서 확인해볼 수 있다는 설명에 귀가 솔깃해졌다.

　처음에 몇 장 샀으나 겨우 한 장만이 소액에 당첨되었다. 좀 실망스러웠으나 당첨된 복권을 새 복권으로 교환했다. 복권을 긁을 때 묘한 긴장감이 느껴졌다. 당첨될 때까지 포기하지 않고 이렇게 몇 차례 반복을 거듭했다. 그런데 이게 웬일인가! 놀랍게도 5억 원짜리 즉석복권에 당첨된 것이다. 당첨 사실이 믿어지지 않아 아내와 같이 다시 확인해보았다. 꿈인지 생시인지 모를 일이었다. 그래도 진짜 당첨되었는지 자신이 없어 판매점 주인에게 직접 물어보았다. 복권 가게 주인이 1등에 당첨된 것이 맞는다고 확인해주었다. 그제야 진짜 당첨자가 되었다는 사실이 실감났다. 그러나 당첨의 첫 기분은 얼떨떨하고 머리가 텅 빈 느낌이었다. 아내는 아직도 당첨 사실이 믿기지 않는지 멍한 모습으로 옆에 서 있다. 복권 가게 주인이 당첨 소감을 한마디 남기라고 카드 쪽지를 하나 내민다. K씨는 "행복합니다"라고 적어 건네주었다.

위의 사례에서 우리는 K씨가 복권에 당첨된 5억 원을 어디에 썼는지에 대해서는 별로 관심이 없다. 더 넓은 아파트나 더 좋은 차를 사는 데 보탰을 수도 있고 자선단체에 기부했을 수도 있다. 우리의 관심은 오로지 K씨가 당첨 소감으로 남긴 "행복하다"는 느낌이 얼마나 오래 지속될 것인가에 있다.

이 질문에 대한 답은 미국 심리학자들의 연구로부터 찾아볼 수 있다. 미국 노스웨스턴 대학교의 필립 브릭맨Philip Brickman 교수는 다른 심리학 교수들과 함께 재미있는 공동연구를 진행했다.[67] 연구팀은 22명의 복권 당첨자를 표본으로 추출했다. 그중에는 당시 돈의 가치로 100만 달러 복권에 당첨된 사람들도 일곱 명이나 있었다. 이를 현재 우리 돈으로 환산하면 약 25억 원에 해당하는 거금이다.[68] 한편 복권이 당첨된 사람과 같은 지역에 거주하는 22명의 일반 주민들을 전화번호부에서 무작위로 추출해 설문조사를 했다. 설문지는 행복도 측정을 위한 질문들로 구성되었다. 복권 당첨자들에게는 당첨 전에 얼마나 행복했는지, 복권이 당첨되고 나서 지금 얼마나 행복한지, 앞으로 몇 년 후 얼마나 행복할 것으로 기대하는지를 물었다. 이들 일반 주민에 대한 질문도 과거 6개월 전에 얼마나 행복했는지를 제외하고 현재와 미래에 대한 질문은 복권 당첨자와 같았다.

기대와 매우 다른 결과가 나왔다. 당연히 복권 당첨자들의 행복감이 훨씬 높을 것으로 예상되었다. 그러나 그들의 과거, 현재, 미래에 대한 행복감은 이웃 일반 주민과 별 차이가 없었다. 갑자기 수십억 원의 거금을 손에 쥐게 되었지만 당첨자들의 행복감은 크게 달라지지 않았다. 오히려 일상적인 삶의 만족도는 일반 주민보다도 낮게 나타났다. 왜 그럴까? 바로 새로운 자극에 쉽게 익숙해지는 인간의 심리적 적응성adaptation 때문이다. 적응성 수준 이론Adaptation Level Theory에 따르면 새로운 상황에서 어떤 사건이 발생했을 때 사람이 느끼는 자극 효과는 과거에 경험했던 적응값에 의해 결정된다. 예기치 않은 행운이 찾아왔을 때 사람들은 처음에 하늘을 찌를 듯한 기쁨을 느끼지만 이 새로운 상황에 쉽게 적응한다. 그리고 다음에 비슷한 행운이 생겼을 때 이를 당연시하고 처음에 느꼈던 희열의 강도만큼 느끼지 못한다.

이런 결과가 나오는 데는 두 가지 이유가 있다.[69] 하나는 복권 당첨에 비해 일상에서 누렸던 기쁨이 시시하게 느껴지기 때문이다. 이를 단기적 대조 효과contrast effect라고 한다. 다른 하나는 시간이 경과할수록 행운으로부터 얻은 기쁨의 충격도 일상적인 습관이 되어 점차 시들해지기 때문이다. 이를 장기적 습관 효과habituation effect라고 한다.

위에서 복권에 당첨된 K씨의 예로 돌아가보자. K씨는 복권에 처음 당첨되었을 때 믿기지 않을 정도로 기뻐서 어쩔 줄 몰랐다. 그러나 복권 당첨 후 일상생활에서 영화를 보고, 운동을 하고, 여행을 할 때 느꼈던 행복감이 줄어들었다. 대조 효과다. 또한 복권이 당첨되었을 때 느꼈던 벅찬 감격도 일상의 일부가 되어 서서히 퇴색해간다. 습관 효과다. 결과적으로 K씨가 당첨카드에 남긴 "행복합니다"라는 소감은 별로 오래 지속되지 않을 것이 분명하다.

반면에 극단적인 시련이나 고통, 좌절을 겪은 사람의 경우는 어떨지 궁금하다. 위 브릭맨의 연구팀은 예기치 않은 사고로 하반신이 마비된 24명의 환자를 재활센터에서 표본으로 추출해 연구에 포함시켜 분석했다. 사고를 당하기 전에 얼마나 행복했는지, 사고를 당한 후 현재 기분은 어떤지, 앞으로 몇 년 후 행복을 어떻게 기대하는지에 대해 질문했다. 복권 당첨자와 마찬가지로 과거, 현재, 미래의 행복에 대해 물어보았다. 과거에 대한 행복감은 높게 나왔으나, 예상대로 현재의 행복감이 조사 대상 그룹 중에서 가장 낮게 나타났다. 그러나 치명적인 사고를 당하고서도 그들의 행복감은 중위값 이상인 것으로 조사되었다. 더군다나 몇 년 후 미래의 행복에 대한 기대치는 복권에 당첨된 사람들보다도 오히려 높게 나왔다. 이 연구로부터 인간은 사고로 반신불수가 되는 극단적인 상황에서 발생한 부정적인 자극에도 신속히 적응한다. 인간은 어떠한 시련과 좌절에도 굴하지 않고 용수철처럼 튀어 오르는 강력한 회복 탄성력을 가지고 있는 존재임을 알 수 있다.

위에서 보았듯이 인간은 새로운 극단적인 자극에 놀라울 정도 빠르게 적응한다. 그러나 행복의 관점에서 보면 적응이란 인간에게 야속한 심술꾸러기다. 왜냐하면 인간이 수년 동안 피나는 노력과 땀으로 일궈낸 성취의 감격과 기쁨도 시간이 흘러가면서 서서히 줄어들게 하고 마침내 모든 것을 초기화시키기 때문이다. 인간의 행복이란 다람쥐가 타고 있는 쳇바퀴처럼 제자리에서만 맴돌 뿐이다.[70] 따라서 복권 당첨과 같은 일확천금이나 고속 승진과 같이 거창한 한두 개의 행복보다는 여러 개의 소소한 일로부터 기쁨을 찾고 매사에 감사하며 행복의 횟수를 늘려나가는 지혜가 필요하다. 행복은 강도強度가 아니라 빈도頻度이기 때문이다.[71]

6. 삶은 길이보다 밀도다

> "시간의 길이로 인생을 재는 것은 바보 같은 짓이다."
> – 레프 톨스토이 –

고교 시절 일주일에 한 번씩 미술 시간이 있었다. 미술 선생님은 대한민국미술대전(국전)에 당선작을 낼 정도로 실력이 대단한 분이었다. 당시 국립미술관이 있었던 경복궁에 국전 관람을 가기도 했다. 학생들은 미술 시간에 저마다 그린 그림을 들고 가서 선생님으로부터 지도를 받았다. 미술 선생님은 학생들의 그림을 평가하면서 그림의 완성도는 밀도에서 나온다고 강조했다. 그림 재주가 별로 없던 나로서는 나름대로 열심히 그렸지만 미술 과목에서 조각이나 판화를 제외하고 좋은 점수를 받은 기억이 별로 없다. 아마도 내 그림에 밀도가 많이 부족했던 모양이다.

마찬가지로 딱딱한 물리 시간에 물리 선생님으로부터 밀도의 개념에 대한 설명을 열심히 들은 적이 있다. 밀도란 질량을 부피로 나눈 값이다. 일반적으로 기체, 액체, 고체로 갈수록 밀도가 높아진다. 밀도의 사전적 의미는 빽빽함, 혹은 충만함이다. 물리 선생님이 설명하는 밀도와 미술 선생님이 강조하는 밀도라는 표현이 위의 사전적 의미와 별로 차이가 나지 않는다.

그러면 인생의 가치 관점에서 밀도란 무엇인가? 인생은 가늘고 길게 사는 것보다, 굵고 짧게 사는 것이 값어치 있다는 말을 종종 듣는다. 물론 굵으면서 길게 사는 삶이 더 값질 수 있겠지만 마음먹은 대로 안 되는 게 인생이다. 여기서 굵다/가늘다는 얼마나 의미 있게 사는지, 즉 삶의 밀도density를 측정해준다. 반면에 길다/짧다는 얼마나 오래 사는지, 즉 삶의 길이를 재준다. 따라서 인생의 가치(V)는 간단하게 삶의 밀도(D)×삶의 길이(L)로 나타낼 수 있다. 이 식에서 삶의 길이는 사람들이 마음대로 통제할 수 없는 변수다. 인명재천人命在天이라는 말도 있듯이 사람이 언제 죽느냐는 것은 인간의 뜻이 아니고 신의 영역에 속하기 때문이다. 대체로 평균 수명만큼 산다고 보면 된다. 그러나 삶의 밀도는 개인의 인생관과 가치관에 따라 크게 달라진다. 자신이 설정한 삶의 목표에 따라 통제할 수 있는 변수다. 따라서 삶의 가치는 길이가 아닌 밀도에 의해서 결정된다고 할 수 있다. 왜 그런지 다음의 사례를 보자.

도스토옙스키Fyodor Mikhailovich Dostoevskii는 톨스토이와 함께 19세

기 러시아 문학을 대표하는 소설가다. 그는 청년 시절 사회주의 사상에 심취해 진보적인 성향을 가진 문학인들로 조직된 독서서클에 가입했다. 당시 러시아 황제인 니콜라이1세는 서유럽에서 발달한 자유주의 사조가 러시아에 유입되는 것을 두려워한 나머지 청년과 신지식인들을 탄압하기 시작한다. 도스토옙스키는 어느 독서 모임에서 농노제와 절대왕정을 비판한 진보 문학가 비사리온 벨린스키Vissarion Belinskii의 편지 공개와 반정부적 저작을 유포했다는 이유로 체포되었다. 곧바로 왕정에 대한 반체제 행위자로 기소되어 사형 선고를 받았다.

1849년 12월 22일 크리스마스를 사흘 앞둔 영하 50도의 추운 겨울날, 도스토옙스키는 수도 페테르부르크의 세묘노프스키 광장으로 끌려나왔다. 사형이 집행되는 날이었다. 집행관은 사형수들이 형장에 도착하자 사형 집행 전에 5분의 시간을 주겠다고 했다. 이때 사형대 위에서 생사가 오고가는 절체절명의 순간에 도스토옙스키가 경험했던 쓰디쓴 고뇌가 훗날 그의 소설 《백치》에 투영되어 다음과 같이 묘사되어 있다.[72]

이 세상에서 나에게 마지막 5분이 주어진다면, 2분은 동지들과 작별하는 데, 2분은 지금까지 살아온 삶을 돌아보는 데, 그리고 최후의 1분은 이 세상을 마지막으로 바라보는 데 쓰고 싶다. 언제나 이 세상에서 숨 쉴 수 있는 시간은 단 5분뿐이다.

28년을 살아온 청년 도스토옙스키에게 너무나도 소중했던 마지막 생애의 5분이 다 지나가고 있었다. 그 순간 저승길 바로 앞에서 회한의 눈물을 흘리고 있는데 갑자기 요란한 말발굽 소리가 광장 너머로 들려왔다. 그리고 흰 손수건을 흔들며 말을 타고 오는 전령의 다급한 목소리가 태양마저 얼어붙은 차가운 광장의 겨울 하늘에 찌를 듯이 울려 퍼졌다. "황제의 칙령이오. 지금 당장 사형을 중지하시오." 형장의 이슬로 사라지기 일보 직전에 기적적으로 목숨을 구하게 된 도스토옙스키는 시베리아 유형으로 감형되었다. 유배지였던 옴스크Omsk에서 4년간의 강제 노역과 군 생활을 마친 후 10년 만에 자유의 몸이 되어 페테르부르크로 돌아왔다.

구사일생으로 다시 살아난 도스토옙스키는 "인생은 5분의 연속"이라는 말을 남기고 매순간을 최선을 다해 살기로 다짐했다. 자신에게 오로지 5분밖에 주어진 시간이 없다면 그 마지막 순간을 어떻게 살아야 하는지를 자신에게 늘 물으며 여생을 살았다. 사형대 위의 경험을 통해 인생의 가치가 길이가 아니라 밀도에 있다는 것을 깨닫게 된 것이다. 인생은 신의 고귀한 선물이다. 5분간의 짧은 순간들이 모여 영원의 행복으로 이어진다. 이러한 긍정의 가치관으로 문학 창작 활동에 열정을 바쳐 《죄와 벌》, 《백치》, 《카라마

조프가의 형제들》과 같은 불후의 명작들을 세계문학사에 남겼다.

한편 21세기 정보화 시대 영원한 혁신의 아이콘인 스티브 잡스도 밀도 높은 56년간의 생애를 살았다. 2005년 6월 12일 잡스는 스탠퍼드 대학교 졸업식에 축사 연사로 초대되었다. 15분짜리 연설문에는 잡스가 가슴속에 품고 살아왔던 인생 철학, 사랑과 상실, 그리고 삶과 죽음에 관한 이야기가 생생하게 담겨져 있다. 다음은 그의 연설문 중 일부다.[73)]

세 번째 이야기는 죽음에 관한 것입니다. 제가 17세 때 다음과 같은 글을 읽었습니다. "하루하루가 마지막 날인 것처럼 살아간다면, 언제인가는 몰라도 너는 반드시 훌륭하게 될 것이다." 저는 이 말에서 깊은 감동을 받았습니다. 그로부터 지난 33년 동안 매일 아침 거울을 들여다보며 내 자신에게 다음과 같이 물었습니다. "만일 오늘이 내 인생의 마지막 날이라면, 오늘 내가 하고자 하는 일을 진짜로 하고 싶은가?" (중략) 죽음을 원하는 사람은 아무도 없죠. 천국에 가고 싶어 하는 사람일지라도 죽는 것을 원하지 않습니다. 하지만 죽음은 우리 모두가 가야 하는 최종 행선지입니다. 그 누구도 죽음을 피해 갈 수 없죠. 그래야만 합니다. 죽음이란 삶의 유일한 발명품이기 때문이죠. 죽음은 삶을 변화시키는 주도자입니다. 새로운 길을 열어주기 위해 낡은 것을 말끔히 치워버립니다.

스티브 잡스도 하루하루가 인생의 마지막 날이라고 생각하고 최선을 다하며 살았다. 도스토옙스키가 사형장 경험 이후 인생에 5분의 시간밖에 남지 않았다는 절실한 마음으로 살며 간직했던 삶의 철학과 똑같다. 두 사람 모두 '삶은 길이가 아니라 밀도'라는 가치관을 몸소 실천했다. 더구나 췌장암 판정을 받은 잡스는 죽음이 삶을 변화시키는 최고의 발명품이라고 하면서 죽음 앞에서도 새로운 길을 열며 의연히 살았던 영원한 불사조였다.

학창 시절 미술 선생님의 말씀처럼 인생의 도화지 위에 밀도 높은 그림을 그리고 싶다. 그러기 위해서는 앞의 사례로부터 삶의 매 순간마다 시간의 길이가 아니라 시간의 밀도 속에서 인생의 진정한 의미와 가치를 발견해야 한다. 이미 늦었다고 생각할 때가 가장 빠른 때다.

제7장

다시 생각하는
행복경제학

1. 호모 이코노미쿠스
경제학의 한계

"새로운 이념을 찾아내기가 어려운 것이 아니라
오래된 이념에서 벗어나기가 어려운 것이다." - 존 케인스 -

미국의 아버지 부시George H. W. Bush 대통령 시절 백악관 경제담당 비서관을 지냈던 토드 부크홀츠Todd Buchholz는 미국의 저명한 경제평론가이자 베스트셀러 작가다. 나는 그가 1989년에 펴낸 책《죽은 경제학자의 살아 있는 아이디어》에 푹 빠져 밤새워 읽었던 기억이 있다.[74] 이 책은 한번 잡으면 쉽게 손을 놓을 수없을 정도로 흥미진진하다. 이 책을 읽으면서 18세기부터 근대경제학의 역사를 이끌어온 세계 굴지의 경제학 구루들을 만날 수 있기 때문이다. 이 책에 처음 소개되는 거장은 역시 경제학의 아버지인 애덤 스미스다. 그의 저서《국부론》은 자본주의 경제 체제의 사상적 이념 체계를 확립하고 고전학파 경제학의 이론적 뼈대를 완성한 위대한 역작이다. 《국부론》은 900여 페이지에 달하는 방대한 분량에 페이지마다 예언, 사실, 우화, 분석들로 가득 차 있어 성경에 버금갈 정도로 영향력이 지대했다. 이 책을 잡는 순간부터 독자들은 경제학, 철학, 정치학의 넓은 바다로 항해를 시작할 수 있다.

　《국부론》에 나오는 스미스의 경제 사상의 핵심은 무엇보다도 '보이지 않는 손Invisible Hand'이다. 수요와 공급 원리에 따라 움직이는 시장은 보이지 않는 손에 이끌려 균형에 도달한다. 이러한 견해는 고전학파 경제 이론의 뚜렷한 상징이며 스미스의 자연법적 질서관을 그대로 반영하고 있다. 이는 자유방임시장free market을 전제로 하는 자본주의 시장경제의 사상적 근거이기도 하다. 애덤 스미스의 고전학파 이래 현대에 이르기까지 경제학은 인간을 호모 이코노미쿠스Homo Economicus로 정의한다. 여기서 호모 이코노미쿠스란 경제인 또는 경제적 인간이라는 뜻이다. 경제인은 합리적이고 이기적인 속성을 가진 개인을 전제로 한다. 애덤 스미스는 "우리가 저녁식사를 할 수 있는 것은 정육점이나 양조장 주인 혹은 제빵업자들의 자비심 덕분이 아니라 그들의 이기심their own interest 때문이다"라고 말한다. 이러한 이기적 본능은 인간이 지속적으로 경제 행위를 할 수 있도록 강력한 동기를 부여해준다. 각 개인이 자신의 이기심으로 이익을 추구하면 궁극적으로 사회 전체의 이익으로 연결된다.

부크홀츠의 《죽은 경제학자의 살아 있는 아이디어》에서 영국의 경제학자 케인스는 풍류도락가로 나온다. 그는 빅토리아 왕조풍의 집안에서 태어났으나 청교도식 윤리에는 아랑곳하지 않고 자유분방한 삶을 살았다. 1930년대 미국에서 대공황이 터지자 스미스 시대 이후 150년 동안 주류 경제학의 탄탄한 대로를 달려온 고전학파 경제학은 풍비박산이 났다. 완전 고용을 균형으로 하는 고전학파 거시경제 모형을 비웃기라도 하듯이 수많은 실업자들이 거리로 쏟아져 나왔다. 또한 보이지 않는 손에 의해 시장은 항상 균형을 이룬다는 수요 공급 이론을 조롱이라도 하듯이 공급이 넘쳐 남아도는 생산물들을 태평양 바다에 집어던져야 할 판이었다.

드디어 대서양 건너편 케임브리지 대학교의 케인스가 경제학의 아버지인 애덤 스미스의 구원투수로 나섰다. 자유방임적이라던 시장에 정부가 적극적으로 개입해 재정 지출을 늘리고 유효 수요를 창출해 유동성 함정에 빠져 있는 경제를 시급히 구해내야 했다. 그는 대공황의 위기를 타개하기 위해 고전학파 경제 이론에 대해 대수술을 가하고 수정자본주의 경제학의 새 지평을 열었다. 케인지언 거시경제학은 그때부터 제2차 세계대전을 거치면서 50년 가까이 주류 경제학을 이끌어왔다. 그러나 여기서도 호모 이코노미쿠스는 여전히 주류 경제학의 문고리를 굳게 잡고 있는 든든한 안방 주인이었다. 하지만 합리적이고 이기적인 경제인을 전제로 하는 전통적 경제학은 모든 현실 세계에서 발생하는 경제 현상에 대해 완벽한 해석을 제공해주지는 못했다.

몇 년 전 국제회의 참석차 네덜란드의 암스테르담에 출장을 다녀온 적이 있다. 스키폴Schiphol 국제공항의 남자 화장실 소변기 중앙 하단에 파리가 한 마리씩 그려져 있다. 청결 상태를 유지하기 위해 무엇을 해라 말라 하는 잔소리 대신에 소변기 안에 그려져 있는 파리를 표적으로 소변의 방향을 유도한다. 이렇게 부드러운 메시지로 자극을 주는 '넛지nudge' 효과로 화장실의 청결도가 80퍼센트나 개선되었다고 한다.[75]

이 기발한 아이디어는 미국 시카고 대학교의 리처드 탈러Richard Thaler 교수의 머리에서 나왔다. 탈러는 "경제학 교과서를 보면 호모 이코노미쿠스는 아인슈타인처럼 생각할 줄 아는 사람 같다"라고 지적하며 인간의 합리성을 전제로 하고 있는 전통 경제학을 신랄하게 비판했다. 탈러는 인간이 항상 합리적이지 않다는 것을 전제로 사람들의 심리를 접목해 경제적 의사 결정 과정을 분석하는 행동경제학의 대가 중의 한 사람이다. 2017년 탈러는 행동경제학 분야에서 넛지 효과와 같은 기념비적 연구 업적으로 노벨 경제학상 수상자로 선정되었다. 900만 크로나, 우리 돈으로 12억 원이 넘는 상금을 합리적으로 사용할 것이냐, 인간적으로 사용할 것이냐는 질문에 그는 "가능한 비합리적으로 쓰겠다"라고 익살스럽게 대답했다. 행동경제학의 거장이 던지는 호모 이코노미쿠스 경제학에 대한 신랄한 비판의 한마디다.

한편 2011년 가을 뉴욕 월스트리트에서 시위가 일어났다. 뉴욕은 미국의 경제 수도이고, 월스트리트는 세계 금융의 심장부다. 월스트리트로 몰려온 군중들은 "월스트리트를 점령하라Occupy the Wall Street"라는 구호를 외쳤다. 시위대들은 "최고 부자 1퍼센트에 저항하는 99퍼센트 미국인의 입장을 대변한다"는 자극적인 피켓을 들고 행진했다. 이후 전 세계 자본주의 국가에서도 공감을 불러일으키면서 유럽과 아시아 82개국 900개 도시에서 동시다발적으로 비슷한 시위가 발생했다. 우리나라에서도 여의도 및 서울역 등지에서 이런 시위가 일어났다. 그로부터 몇 년 후 월스트리트의 시위에 화답이라도 하듯이 프랑스의 경제학자 토마 피케티Thomas Picketty가 《21세기 자본》이라는 책을 펴냈다.[76] 18세기 이후 유럽과 미국의 부와 소득의 불평등에 관한 분석을 담은 책으로 전 세계에서 뜨거운 관심과 커다란 반향을 불러일으켰다. 월스트리트의 구호나 피케티가 분석한 소득 불평등은 인간의 끝없는 이기심과 자신의 이익에 대한 야성적 충동Animal Spirit이 빚어낸 자본주의 경제의 어두운 그림자다.

호모 이코노미쿠스를 전제로 하는 전통적 경제학은 애덤 스미스 이래 250년 가까이 자유경쟁을 기반으로 시장경제의 효율성과 경제성장을 통한 인류의 삶의 질 향상에 기여해왔다. 그러나 합리성을 가정으로 내세우는 경제 이론만으로는 개인의 비합리적 경제 행위를 제대로 설명할 수 없었다. 인간의 이기심은 사회 전체의 이익이 아니라 경제적 불평등을 초래했다. 인간이 살아가는 궁극의 목적인 행복에 대해서도 해답을 주지 못했다. 따라서 최근 행동경제학이나 심리학적 접근 방법이 경제학에 활발히 도입되고 돈과 행복의 관계를 연구하는 행복경제학에 관심이 높아지고 있는 것은 호모 이코노미쿠스 경제학의 이러한 한계를 극복하기 위한 진지한 노력의 일환이다.

2. 행복경제학으로의 전환

> "갖고 싶어도 가질 수 없는 것이 존재함을 아는 것이 바로
> 행복의 필수조건이다." – 버틀란트 러셀 –

해마다 1월이면 미국에서 전미경제학회American Economic Association의 연차총회가 열린다. 1885년 설립된 미국을 대표하는 경제학회로 세계적으로 경제학 학술단체 중 가장 큰 영향력을 가지고 있다. 이 학회는 미국 주류 경제학의 총본산으로서 20세기 경제학 발전의 견인차 역할을 수행해왔다. 2015년 전미경제학회 회장은 예일대의 로버트 실러Robert Shiller 교수에게 돌아갔다. 경제학자로서 전미경제학회 회장으로 선출된다는 것은 누구나 부러워하는 영예다.

2013년도 노벨 경제학상 수상자이기도 한 실러 교수는 평소에 한국 경제에 대해서도 관심이 많았다. 실러 교수는 한국과 스리랑

카를 비교하면서 50년 전 두 나라의 삶의 수준은 비슷했다. 그러나 지금은 두 나라의 경제력은 비교가 되지 않을 정도로 차이가 벌어졌는데 행복지수는 오히려 그 반대라고 꼬집었다. 한국 경제는 고속 성장의 상징이었지만, 국민들의 행복지수는 눈부신 경제성장과 무관하다는 지적이다. 이는 전미경제학회의 회장으로서 풍요와 성장만을 추구하는 주류 경제학에 대한 자기 성찰적 비판이기도 하다.

영화 〈타이타닉〉에서 주인공 잭과 로즈가 침몰하는 배 위에서 밀려오는 죽음의 공포에도 아랑곳하지 않고 애절하게 나누었던 사랑의 로맨스는 아직도 생생한 감동으로 남아 있다. 영화에 등장하는 배는 그리스 신화에 나오는 거인인 타이탄의 이름을 본떠서 타이타닉이라 했다. 절대로 가라앉지 않는 불침선不沈船이라고 자신만만했다. 그러나 타이타닉호는 결국 1,500여 명의 희생자와 함께 차가운 대서양의 깊은 바다 속에 수장되고 말았다. 인류 역사상 미증유未曾有의 참혹한 해난사고로 기록되고 있는 타이타닉호의 침몰 원인은 아직까지 명확하게 밝혀지지 않았다.

당시 세계 최신이며 가장 거대한 증기선이었던 타이타닉호가 갑자기 침몰한 원인으로는 여러 가지 이유들이 제기되고 있다. 사고가 난 시간이 새벽 2시 경이었는데 바다 위에 달빛이 없었고, 쌍안경이 없어서 미처 빙하를 발견하지 못했다거나, 철판 이음용 리

벳을 비롯한 많은 부품들이 불량품이었으며, 빙하와 충돌 후 무전요원이 SOS를 즉시 타전하지 않았다는 것 등 다양한 침몰 원인이 거론되었다. 그러나 사고의 일차적 원인은 선주와 선장, 그리고 배의 설계자까지 가세한 인간의 지나친 욕망과 공허한 경쟁심이며, 과속 항해가 빚어낸 인재人災라는 점을 간과할 수 없다.

최고의 초호화 유람선으로 건조된 타이타닉호가 영국 사우스햄프턴 항구에서 힘찬 뱃고동을 울리며 대서양을 향해 출항에 나선 때는 1912년 4월 10일이었다. 겨울이 가고 봄이 오면서 북극에 해빙기가 시작되면 신대륙과 유럽을 오고 가는 배들은 언제라도 빙하와 충돌할 위험이 있었다. 그러나 2,200여 명 승객의 꿈과 희망을 싣고 미국을 향해 대서양의 검푸른 바다 위를 항해하던 타이타닉호는 이러한 위험에도 아랑곳하지 않고 최단 거리의 항로만을 고집했다.

그 이유는 경쟁사를 물리치고 대서양을 최단 시간에 횡단하여 블루 리본상을 거머쥐려는 선주와 선장의 과욕 때문이었다. 타이타닉의 설계자조차도 자신이 만든 배의 명예욕에 사로잡혀 대서양 횡단 신기록을 목표로 달려가자고 채근질했다. 수차례의 빙산 출몰 경고가 있었으나 그 누구도 주목하는 사람이 없었다. 드디어 망령과도 같은 빙산이 어둠 속에서 어슴푸레하게 모습을 드러냈다. 마침내 배는 피할 수 없는 운명과도 같이 거대한 빙산과 부딪치게 되었다. 20만 톤이나 되는 타이타닉호는 배의 우현이 빙하에 스치면서 바닷물이 새들어오기 시작했고 두 동강이 나서 처참하게 침몰하고 말았다.

대서양을 과속으로 항해하던 타이타닉호는 성장의 덫에 걸린 경제 시스템과 비슷하다. 타이타닉호의 선주나 선장, 설계사 그 누구도 과속 항해에 이의를 제기하지 않듯이 경제성장은 반드시 그렇게 추진되어야 하고 그것 외에는 다른 것이 있을 수 없는 필연으로 받아들여진다. 여기에 의문을 제기하거나 회의적인 사람이 있으면 가차 없이 외면당하고 아무도 상대해주지 않는다. 선거 때마다 후보자들이 경제 구호를 외치는 것도 성장을 필연적으로 생각하는 유권자들의 정서에 호소하는 것이다. 그러면서 유권자들은 경제만 성장하면 지금보다 더 나아지고 행복해질 것 같은 환상에 빠진다.

그러나 실러 교수가 지적했듯이 지난 50년 동안 고속으로 질주해온 한국보다 일인당 국민소득이 7분의 1밖에 안 되는 스리랑카 사람들이 어떻게, 왜 더 행복하게 살아가는지 잘 느끼지 못한다. 하지만 타이타닉호가 그랬던 것처럼 경제 시스템도 계속해서 경제성장만을 향해서 질주해나가다 보면 거대한 빙산에 부딪힐 수 있다.

더군다나 경제성장 지표로 흔히 사용되는 국내총생산GDP 개념에는 심각한 함정이 있다. 경제학에서 GDP는 한 나라 안에서 모든 경제 주체들이 1년 동안 생산한 재화와 서비스의 합계로 정의된다. 한 나라의 경제활동 및 국민들의 경제 수준을 총량적으로 측정해주는 지표다. 통상 정치인, 기업가들은 GDP만 높아지면 삶이 더 나아진다고 말한다. 그래서 어느 나라든 GDP를 극대화하는 것을 경제정책의 지상 목표로 삼는다.

하지만 GDP를 한 나라 구성원들의 생활 수준을 측정하는 후생지표 또는 행복 수준을 나타내는 행복지수로 사용할 때 심각한 오류에 빠질 수 있다. GDP가 경제활동의 결과로서 나타나는 총체적 산출물의 양만을 측정해줄 뿐 국민 개개인의 삶의 질에 대해서는 아무런 정보도 포함하고 있지 않은 불완전한 경제지표이기 때문이다. 게다가 GDP는 사회적 비용을 비롯한 부정적인 가치까지 포함하고 있어 의미가 왜곡될 수 있다. 예를 들어 담배 판매가 늘어나거나 더 많은 무기를 생산해도 GDP는 증가한다. 기름 유출, 원전 사고, 가스 유출 사건이 발생해도 마찬가지다. 또한 경제성장의 기회비용으로 발생하는 공해는 반영되지 않는다. 또한 가사노동과 같은 시장 외적인 경제활동은 고려 대상이 아니다.

따라서 우리는 이제부터라도 1960년대 이래 지금까지 한국 경제가 지향했던 성장 위주의 경제정책에서 벗어나야 한다. GDP 만능주의에 빠져 추진해온 경제성장 패러다임을 바꿔야 한다. 이를 위해 국민 개개인의 삶의 질과 행복도를 반영할 GDP 대안 지표의 도입이 필요하다. 히말라야의 부탄은 인구 70만 명 남짓하고 면적도 경기도 광명시 정도에 불과한 작은 나라다. 부탄은 1972년 GDP 대신에 국민총행복지수GNH; Gross National Happiness를 사용하는 것을 국가정책으로 채택했다. 국민의 97퍼센트가 행복하다고 느끼고 살며 강대국과 부자를 꿈꾸지 않는다. 자연을 보호하고 성장보다 국민들의 행복을 우선시하는 여유 있는 나라 부탄은 지구촌 인류가 지속가능한 삶을 살아가기 위한 모범 사례best practice를 보여주고 있다.

독일의 저명한 경제평론가인 하랄드 빌렌브록Harald Willenbrock은 250년 가까이 된 경제학의 역사를 하루 24시간이라고 한다면 행복경제학Happiness Economics의 역사는 5분 전에야 비로소 시작되었다고 했다. 그에 의하면 행복경제학은 경제성장과 물질적 풍요가 반드시 사회 구성원의 행복한 삶을 보증하지 않는다는 반성으로부터 새롭게 탄생한 경제학 분야다.[77] 전통적 경제학의 한계에 대한 경제학자들의 자성은 실러 교수의 성장 위주의 경제에 대한 비판과 같은 맥락이다. 이제 한국 경제는 성장과 풍요 위주의 전통적 경제학으로부터 개별 경제 주체의 삶의 질 향상을 위한 행복경제학으로 방향을 틀어야 할 전환점에 와 있다. 경제정책을 수립하는 정책입안자들이나 경제 계획을 추진하는 정책 당국자들은 경쟁과 과속의 덫에 걸려 있었던 타이타닉호의 어리석은 선주, 선장, 설계자가 되어서는 안 된다. 경제정책의 궁극적인 지향점은 GDP를 극대화하는 것이 아니라 국민 개개인의 행복한 삶을 고양시키는 데 있기 때문이다.

3. 행복한 벼룩이 되라

투자론을 강의할 때 포트폴리오portfolio라는 용어가 자주 나온다. 라틴어에서 유래된 작은 서류 가방이라는 의미다. 1952년 해리 마코위츠Harry Markowitz가 〈포트폴리오 선택이론〉이라는 논문을 발표하고 나서부터 전문적인 투자 용어로 자리 잡았다.[78] 그는 현대 포트폴리오 이론 발전에 기여한 선구자적 업적을 인정받아 1990년 노벨 경제학상까지 수상하는 영예를 누렸다. 마코위츠 모형은 불확실성이 있는 시장에서 투자자의 금융 상품에 대한 선택의 문제를 다룬다. 투자자들은 위험과 수익에 대한 균형점을 찾아내고 자신의 투자 성향에 맞는 분산조합을 선택해서 포트폴리오라는 가방에 담는다.

이러한 포트폴리오라는 개념을 경영 환경과 인간의 행동분석 연구에 접목한 경영 사상가가 있다. 바로 영국의 찰스 핸디Charles Handy다. 그는 미국의 빌 게이츠, 피터 드러커, 톰 피터스Tom Peters, 잭 웰치Jack Welch 등 기라성 같은 경영 구루들에 가려져 우리에게 그리 익숙하지는 않다. 그러나 찰스 핸디는 세계 최고의 경영 사상가 50인의 한 사람에 꼽힐 정도로 영향력 있는 경영 컨설턴트다.[79] 그가 말하는 '포트폴리오 인생'이란 다음과 같은 경영환경 변화에서 비롯된다.

산업 구조가 고도화되면서 산업의 중심축이 제조업에서 서비스업으로 이동하게 되었다. 평생직장은 사라지고 대기업은 직장인에게 더 이상 희망이 되지 못한다. 찰스 핸디의 비유에 의하면 20세기 고용 문화의 큰 기둥이었던 대기업 조직은 '코끼리'다. 반면에 대기업에서 퇴직하고 자유롭게 살아가는 프리랜서들은 '벼룩'이다.[80] 이제 새로운 경영 환경에서 코끼리의 등에 업혀 평온한 삶을 살았던 날들은 어제의 이야기가 되었다. 코끼리의 울타리를 벗어난 벼룩들은 혼자의 힘으로 살아가야 한다. 벼룩이 된 프리랜서는 무소속의 자유를 누릴 수 있으나, 정해진 수입 없이 자신만의 포트폴리오로 승부해야 한다. 벼룩들의 이러한 삶이 바로 포트폴리오 인생이다.

찰스 핸디도 49세가 되던 해에 코끼리 등에서 내려와 벼룩이 되었다. 자신의 포트폴리오 인생을 시작한 것이다. 한때 코끼리의 세계에서 정유회사의 마케팅 담당 임원, 이코노미스트, 학장 등과 같은 직책을 담당했던 그였다. 그러나 벼룩이 되고나서부터는 작가로서 글을 쓰고, 강연을 하고, 방송에 출연하면서 스스로의 노력으로 자기 일을 개척해나가야 했다. 조직이라는 보금자리를 떠나 바람 찬 광야에 홀로 섰을 때 외롭고 두려웠다. 그러나 책을 쓰고 방송에 출연해 세상을 향해 진실을 전할 때 프리랜서로서 자긍심이 생겨났다. 독자나 시청자에게 귀중한 교훈을 얻었고 미래의 삶에 대해 진지한 영감을 받았다는 호평을 들을 때마다 큰 위로를 받았다. 자신이 택한 새로운 일과 역할에 커다란 보람을 느꼈다.

인생의 전반부가 마무리되어가는 50세를 전후해 서드 에이지에 진입하게 되면 49세의 찰스 핸디처럼 코끼리 등에서 내려와 벼룩이 된다. 이 시기가 후반부의 포트폴리오 인생의 시작점이라고 할 수 있다. 이제 벼룩들에게는 새로운 게임의 규칙과 행동양식의 변화에 대한 재빠른 적응이 요구된다. 우선 직장이라는 울타리 안에 있던 커다란 보호막이 사라진다. 더 이상 기대거나 업힐 수 있는 코끼리가 내 옆에 없다. 정해진 날짜에 월급도 통장에 안 들어오고, 일하던 공간도 사라지고, 자신의 사회적 지위와 정체성을 상징하던 명함도 주머니에 없다.

그래도 새로운 게임에 뛰어들 수 있는 유일한 힘은 자신의 지식에서 나온다. 이제 학위나 졸업장은 벽 위에 걸린 장식품에 불과하다. 그 대신 자신의 전문 분야에서 풍부한 감각과 창의력으로 무장된 전문 지식만이 자신을 지켜주는 견고한 성채가 된다. 타의 추종을 불허하는 자신만의 브랜드를 구축하기 위해서는 철저히 차별화되어야 한다. 나는 누구이며 나의 가치는 무엇인지 끊임없이 반문하고 새로운 정체성을 확립해야 한다. 새로운 환경에 적응하는 데 필요한 강력한 에너지는 자신에 대한 신념에서 나온다. 벼룩은 날개가 없으므로 날 수 없다. 그러나 더 높게 뛰어오를 수 있는 견고한 뒷다리의 힘이 있다. 이러한 자신에 대한 확고부동한 신념으로 스스로를 자극하고 자신에게 동기를 부여해야 한다.

최근 통계청 자료에 의하면 우리나라에서 활동하는 기업 수는 약 600만 개에 이른다. 이 중에서 사장만 혼자 있는 1인 기업이 80퍼센트에 달한다. 찰스 핸디의 용어를 빌리자면 이러한 1인 기업들이 벼룩경제flea economy를 형성하고 있다.[81] 이것은 부가가치를 창조하는 각종 소규모 기업과 자영업자, 자유업에 종사하는 개인과 같은 프리랜서들로 이루어진 벼룩들의 경제다. 앞으로 산업 구조가 빠르게 소프트·서비스화하면서 코끼리보다 벼룩경제가 더욱 활성화될 것이다. 그 결과 포트폴리오 인생을 살아가는 사람들이 점점 더 늘어날 것이다.

포트폴리오 생활자가 살아가는 모습은 작은 가방 안에 들어 있는 여러 가지 서류들처럼 다양하다. 내가 알고 있는 지인 중에 대기업 종합상사의 해외 지사장으로 근무하다가 몇 년 전에 퇴임한 L씨의 예를 들어보자.

지금 L씨는 컴퓨터공학을 전공하고 IT 제품 매뉴얼의 프리랜서 전문 번역가로 활동한다. 일감이 들쑥날쑥하긴 하지만 전 직장에서 수출입상들과 네트워킹을 잘해서 대체로 안정적이다. 지방자치단체에서 자원봉사로 해외 방문객에 대한 가이드와 통역도 한다. 색소폰을 취미 삼아 배워서 동아리를 만들어 고아원이나 요양원에 위문 연주도 간다. 인터넷으로 배운 요리 솜씨도 수준급이다. 일주일에 한 번 아내와 집에서 요리하는 시간이 너무 즐겁다. 최근 주변에 정신적 어려움을 겪는 사람들을 자주 보면서 상담심리치료에 관심이 많아졌다. 조만간 사이버대학에 입학해 상담심리학 공부를 시작할 예정이다.

그러나 L씨처럼 행복한 벼룩이 되어 보람찬 후반생을 살아가기 위해서는 서드 에이지에 진입하기 전에 미리 다운시프트를 준비해야 한다. 업종마다 차이는 있겠지만 대개 30대 후반이나 40대 초반이 되면 코끼리로부터의 퇴출 압박이 밀려온다. 이때부터 벼룩으로 살아가기 위한 포트폴리오를 쌓기 시작해야 한다. 서드 에이지에 진입하기 전에 가급적 일찍 준비해야 한다. 그렇지 않으면 코끼리와 벼룩 사이에 너무 큰 낙차를 경험하게 된다. 위의 예에서 L씨는 대기업 해외지사에 근무할 때부터 영어 실력을 쌓았고, 바이어들과 인맥을 구축했으며, 취미로 색소폰도 배웠고, 요리에도 일찍부터 관심이 있었다. 한마디로 서드 에이지 시대에 준비된 벼룩이었다. 여기에 머무르지 않고 미래에 도전해나갈 목표까지 정해놓고 있다.

케임브리지 대학교의 곤충 연구팀에 의하면 벼룩은 뒷다리의 힘을 지렛대로 이용해 자신의 키보다 100배나 높이 뛰어오를 수 있다고 한다. 키가 3미터나 되는 골리앗의 몸 위에 올라타 거인을 쓰러뜨린 다윗처럼, 보잘것없는 작은 벼룩 한 마리가 용수철처럼 뛰어 올라 거구의 등에 다시 업혀 코끼리를 몰고 다닐 줄 누가 알겠는가? 거대한 코끼리에 비해 아주 작은 미물에 불과한 곤충이지만 행복한 벼룩이다.

4. 베풂은 행복으로 돌아온다

> "누군가에게 뭔가를 준다는 것은 받는 것보다
> 더 행복한 일이다." – 명언집 –

2006년 6월 세계적 자산가이며 투자의 귀재라고 불리는 워런 버핏이 세상 사람들을 깜짝 놀라게 했다. 자신이 경영하는 투자회사인 버크셔 해서웨이Berkshire Hathaway Inc. 홈페이지를 통해 전 재산의 85퍼센트에 해당하는 374억 달러(약 38조 원)를 기부하겠다는 의사를 밝힌 것이다. 이것은 미국에서 그때까지 카네기나 록펠러가 내놓았던 액수를 뛰어넘는 사상 최대 규모의 기부금이었다.

버핏은 기회 있을 때마다 "내가 이 자리에 서게 된 것은 나를 존재하게끔 해준 사회 덕분이다. 그동안 살아오면서 즐거웠던 기억들만 남기고, 나머지 모든 것은 사회에 돌려줄 것이다. 열정은 성공의 열쇠이고, 성공의 완성은 나눔이다"라는 말을 종종 했다. 성공적인 가치투자의 대가로 거부가 된 버핏은 평소에 가지고 있던 자신의 기부 철학을 몸소 실천했다. 학창 시절 신문배달을 할 정도로 가난했던 버핏은 아직도 50년 전에 고향인 네브래스카 주에서 3만 달러 남짓한 돈으로 구입한 평범한 주택에서 산다. 억만장자라는 명성에 걸맞지 않게 중고차를 몰고 다니고 12달러짜리 이발소를 즐겨 찾으며 근검절약을 생활화하고 있다.

2년 뒤 2008년 8월 우리나라에서도 가슴 뭉클한 기부 소식이 전해졌다. 대한민국 1호 한의학 박사인 류근철 씨가 578억 원의 기부금을 카이스트에 쾌척한 것이다. 그때까지 국내에서 개인 기부로는 가장 큰 액수였다. 그는 평생 한의사의 길을 걸었다. 세계 최초로 침술을 활용한 제왕절개 수술 마취에 성공했고 모스크바 국립공대에서 의공학 박사학위를 받았다. 여기에 그치지 않고 한의학을 과학기술 분야로 발전시키는 데 크게 공헌했다.

그는 "카이스트를 방문했을 때 학문에 열중해 있는 학생들을 보며 한국의 미래가 여기에 있구나 하는 확신을 가졌습니다. 우리나라가 선진국으로 성장하기 위해서는 과학기술 발전이 필수적입니다. 그 역할을 선도적으로 이끌어나갈 수 있는 곳이 바로 카이스트라고 생각했습니다"라고 기부 소감을 밝혔다. 류 박사는 기부 후에도 카이스트 구내의 좁은 게스트 하우스에 거주하면서 재산뿐만이 아니라 지식까지도 기부하고 싶다고 했다. 고령의 나이에도 아랑곳하지 않고 카이스트 인재·우주인 건강연구센터와 닥터류 헬스클리닉을 운영했다. 카이스트 교수와 학생, 외부인들까지 무료로 진료하는 열정을 보이다가 2011년 3월 뇌경색으로 타계했다.

왜 사람들은 자신이 애써서 번 돈을 기꺼이 남에게 기부할까? 두 가지 이유로 설명해보자. 첫째는 인간은 유전학적으로 사회적 동물이며 타인과 관계를 맺기를 좋아한다. 영국 옥스퍼드 대학교의 문화인류학자 로빈 던바Robin Dunbar 교수의 '사회적 뇌 가설'에 따르면 인간의 뇌는 타인의 존재 때문에 발달했다.[82] 인간 공동체의 규모가 커지고 사회생활이 복잡해지면서 상호관계와 적응이 중요해졌다. 타인의 생각과 의도를 파악하기 위해서 머리를 많이 쓰게 되면서 뇌가 발달하게 되었다. 그러므로 인간의 뇌를 성장시킨 사회성의 관점에서 볼 때 타인에 대한 기부는 인간을 가장 인간스럽게 만드는 행동이라고 할 수 있다.

둘째, 타인을 위해 돈을 쓰면 행복감이 높아진다. 이 주장을 뒷받침하기 위해 캐나다 브리티시컬럼비아 대학교의 엘리자베스 던 Elizabeth Dunn 교수 연구팀이 실증적 연구를 수행했다.[83] 먼저 미국인 632명을 표본으로 추출해 지출이 행복에 어떤 영향을 미치는지 조사했다. 지출 유형을 생활비, 자신의 선물, 타인의 선물, 자선기부 등 네 가지로 나눴다. 생활비와 자신의 선물은 자신을 위한 지출이고, 타인의 선물과 자선기부는 남을 위한 지출이다. 분석 결과 자신을 위한 지출은 행복감에 미치는 영향이 미미했다. 반면에 타인을 위한 지출은 행복감을 증가시키는 것으로 분석되었다.

이번에는 실험 방법을 약간 바꾸어보았다. 46명의 표본을 추출해 아침에 무작위로 5달러 또는 20달러 지폐가 든 봉투를 하나씩 나누어주었다. 위의 네 가지 지출 유형 중에서 하나를 택해 돈을 쓰라고 주문했다. 오후 5시가 되어서 참가자의 행복도를 조사했다. 앞의 실험과 마찬가지로 남을 위해 돈을 쓴 사람들의 행복도가 자신을 위해 돈을 지출한 사람보다 높게 나타났다. 그러나 놀랍게도 지출 금액 크기에 따른 행복감의 차이는 없었다. 이 연구 결과는 자신보다 남을 위해 돈을 쓸 때 인간의 행복은 증가하며, 행복감은 금액의 크기에 상관없다는 것이 핵심이다.

따라서 타인에 대한 기부는 자신의 행복감을 높여준다. 자신이 먼저 남에게 베풀어야 행복으로 되돌아온다. 앞의 버핏이나 류근철 박사의 예처럼 큰 금액을 기부한다고 해서 행복감이 더 커지는 것이 아니다. 기부금의 액수에 상관없이 얼마든지 행복해질 수 있다. 이는 앞에서 살펴보았듯이 이 분야에서 행복을 연구하고 있는 심리학자들의 정설이다.

다음은 오른 손이 하는 일을 왼 손이 모르게 하듯이 선행을 베풀고 있는 '얼굴 없는 기부천사'의 훈훈한 나눔의 이야기를 들어보자.

해마다 연말이 다가오면 전라북도 전주시 노송동 주민센터 앞에는 얼굴 없는 기부천사가 나타난다. 2000년부터 한 해도 빠짐없이 18년째 계속되고 있다. 어느 날 주민센터에 "주민센터 주변 풀숲에 돼지 저금통을 놔뒀다"는 한 통의 전화가 걸려왔다. 40~50대 중년의 점잖은 남자 목소리였다고 한다. 주민센터 직원들이 공원에 곧바로 달려가보았다. 그곳엔 조그만 상자 하나가 놓여 있었다. 상자 안에 동전이 가득한 돼지 저금통과 함께 여러 다발의 지폐가 들어 있었다. "소년소녀가장 여러분 힘든 한 해 보내느라 고생하셨습니다. 내년에는 더 좋아질 거라 생각합니다. 새해 복 많이 받으세요"라고 타이핑된 종이 한 장도 같이 발견되었다. 이런 미담이 알려지면서 노송동은 '천사마을'로 불린다. 천사마을 주민센터는 천사공원을 조성하고 천사축제도 열어 아름다운 선행을 널리 알리고, 우리 사회에 천사의 따뜻한 사랑이 담긴 기부문화의 확산에 힘쓰고 있다.

타인을 위한 기부와 마찬가지로 자원봉사나 재능기부 같은 친사회적 행동도 베푸는 사람의 행복으로 되돌아온다. '슈바이처 효과'나 '마더 테레사 효과'란 남에게 베풀어서 결과적으로 자신에게 더 나은 결과로 돌아오는 것을 말한다. 밀림의 성자 슈바이처Albert Schweitzer 박사는 90세, 빈자의 성녀 테레사Teresa 수녀는 87세까지 살았다. 두 성인聖人들은 위생이나 보건 환경이 열악한 곳에서 봉사했음에도 불구하고 오히려 인류 평균 수명보다 훨씬 더 오래 살았다. 49세의 나이에 대장암으로 세상을 일찍 떠난 〈울지마 톤즈〉의 이태석 신부의 경우는 예외이겠지만, 남을 위해 봉사하면 호르몬 변화 등으로 인해 건강이 증진되어 장수를 누리게 되는가 보다.

5. 어떤 사람으로 기억되고 싶은가

"많은 사람들이 인생의 후반부를 허비하지만,
그 시기를 더욱 의미 있게 받아들이는 사람도 있다."
– 피터 드러커 –

그리스 신화에서 여신 아테나Athena는 제우스의 머리를 뚫고 태어났다고 해서 지혜의 여신으로 불린다. 아테나의 로마식 이름은 미네르바Minerva이며, 상징하는 새는 부엉이다. 낮에 먹이 사냥을 하는 독수리는 전쟁의 상징이고, 밤에 활동하는 부엉이는 지혜를 상징한다. 부엉이는 해가 저물고 나서야 기지개를 펴고 날갯짓을 한다. 부엉이는 빛의 시세포가 예민하게 발달되어 어두운 데서도 인간보다 100배나 잘 볼 수 있다고 한다.

19세기 관념론을 완성한 독일 철학자 헤겔Georg Hegel은 저서《법철학》의 서문에 "미네르바의 부엉이는 황혼이 되어야 그 날개를 편다"라는 유명한 경구를 남겼다. 미네르바의 부엉이가 황혼이 되어야 날개를 펴는 것처럼, 이성적인 철학이나 진리에 대한 인식은 미리 예단되는 것이 아니라 하루가 지나고 저녁이 돼서야 비로소 알게 된다는 의미다.

사람들의 일생에 대한 평가는 어떨까? "이 세상에 태어날 때는 혼자서 울고 태어났지만, 이 세상을 하직하고 관 뚜껑이 닫힐 때에는 만萬 사람이 울어주는 사람이 되라"는 말이 있다. 이와 비슷하게 중국의 시성詩聖이라고 불리는 당나라 시대 두보杜甫의 시에 다음과 같은 구절이 나온다. "장부개관사시정丈夫蓋棺事始定", 즉 "장부(사람)에게 일이란 관이 덮이고 나서야 정해진다"는 뜻이다.[84] 이를 사자성어로 줄여서 개관사정蓋棺事定이라고 한다. 두보는 한 사람의 일생 동안의 품격이란 살아생전이 아니라 세상을 하직하고 난 다음에 정해진다고 읊고 있다. 즉, 한 사람의 평가나 공과功過는 그 사람이 생을 마감한 후에야 비로소 판가름 난다는 것이다.

그러면 당신은 일생을 마친 후 어떤 사람으로 기억되기를 원하는가? 피터 드러커는 《비영리단체의 경영》에서 다음과 같이 자신의 이야기 한 토막을 들려주고 있다.[85]

13세 무렵 우리 반 학생들에게 종교 과목을 가르친 선생님께서 어느 날 교실에 들어서자마자 "너희들이 죽은 후 후세들에게 어떤 사람으로 기억되기를 원하느냐?"라는 질문을 하셨다. 물론 우리들 아무도 대답할 수 없었다. 선생님은 우리들의 어깨를 어루만지시면서 "너희들이 아직 나의 질문에 쉽게 대답할 수 있으리라고 생각하지 않는다. 그렇지만 50세가 되어서도 대답을 할 수 없는 사람이 된다면 그 인생은 헛된 것이 된다"라고 하셨다.

위에서 피터 드러커의 소년 시절 선생님은 50세까지는 내가 어떤 사람으로 기억되어야 하는지에 대한 답을 가지고 있어야 한다고 강조한다. 50세는 인생의 하프라인을 돌아 서드 에이지에 진입해 후반부 인생을 시작하는 시점이다. 적어도 이때까지는 인생의 후반부를 어떻게 의미 있게 살아가야 하며 죽은 뒤 이 세상에 남길 나의 가치에 대해 솔직하고 진지한 자기성찰이 있어야 한다. 한 사람이 죽고 난 다음에 후대들은 그 사람만의 향기가 배어나는 모습으로 그를 기억할 것이기 때문이다.

오스트리아의 경제학자 조지프 슘페터Joseph Schumpeter는 25세 때 이미 자신이 어떻게 기억되고 싶은지에 대한 답을 가지고 있었다고 한다. 슘페터는 '유럽에서 제일가는 승마사, 미녀들에게 가장 인기 있는 연인, 최고의 경제학자로 기억되는 것'이 꿈이라고 했다. 그 이후 슘페터는 '창조적 파괴'라는 개념을 제시해 오스트리아 학파를 대표하는 경제학자로서 명성을 날렸다. 여기에 그치지 않고 미국으로 건너가 하버드 대학교 교수로 재직하면서 자본주의의 발전과 혁신에 관해 탁월한 연구 업적을 남겼다.

그 결과로 슘페터는 20세기를 대표하는 경제학자 중의 한 사람으로 기억된다. 자신의 꿈이었던 유럽에서 제일가는 경제학자를 뛰어넘어 세계 최고의 경제학자 구루의 대열에 들게 되었다. 그러나 막상 죽음을 앞둔 슘페터에게 친구가 사후에 어떻게 기억되기를 원하느냐고 묻자 그는 승마사와 연인은 빼고 '인플레이션 위험을 잘 관리한 경제학자'로 기억되었으면 좋겠다고 소탈하게 대답했다. 세상의 변화 속에 성숙해가면서 그 대답은 달라질 수는 있지만, 중요한 것은 무엇으로 기억되고 싶은지 질문에 대한 답은 가급적 빨리 정해서 가지고 있어야 한다는 사실이다. 그 질문은 자신을 항상 새롭고 거듭나게 자극해주고, 자신이 원하는 사람이 되기 위해 도전해나갈 수 있는 에너지를 지속적으로 뿜어내주기 때문이다.

내가 영국이나 캐나다에서 살 때 현지인들이 다니는 오래된 교회에 가면 그 옆에 조성된 교인들의 공동묘지를 흔히 볼 수 있었다. 우리나라에서처럼 봉분은 없고 지면과 같이 평평한 묘지에 비석이 세워져 있다. 대개 비석에는 거기에 묻힌 사람을 기리는 비문이 새겨져 있다. 예를 들어 영국 남서 지방의 서머싯Somerset에 있는 성마이클 교회에 가면 잃어버린 세대Lost Generation에 속하는 시인으로서 영국으로 귀화한 토머스 엘리엇Thomas Eliot의 묘지가 있다. 4월을 잔인한 달이라고 읊은 그의 시 〈황무지〉는 현대 모더니즘을 대표하는 걸작으로서 내가 애송하는 시 중의 하나다. 노벨 문학상 수상자인 엘리엇의 비석에는 다음과 같은 글이 새겨져 있다.[86] "나의 끝은 나의 시작에 있고, 나의 시작은 나의 끝에 있다In my beginning is my end, In my end is my beginning." 이 비문에 쓰여 있는 대로 엘리엇이 남긴 명시들은 시작이 끝이고 끝이 시작이듯이 지금도 많은 사람들 마음속에 꺼지지 않는 등불로 남아 널리 애송되고 있다.

최근 들어 일생을 아름답게 정리하고 평안히 삶을 마무리하는 웰다잉well-dying에 관심이 커지고 있다. 사실 죽음을 인식하면 삶이 더 소중해진다. 죽음이 있기에 삶의 의미가 더 뚜렷해진다. 웰다잉은 당하는 죽음이 아니라, 맞이하는 죽음을 위해서 중요하다. 이러한 웰다잉을 위해 비문을 미리 준비해두기도 한다. 비석에 새겨 넣을 비문은 생을 마감한 후에 타인들에게 기억되고 싶은 자신의 모습을 연상하며 써보는 글이다.

헤겔이 말했듯이 미네르바의 부엉이는 황혼이 되어야 날개를 펴기 시작한다. 결국 진리는 해가 떨어진 후에나 시비선악是非善惡이 가려진다. 그러므로 한 사람의 품격이나 일생에 대한 평가도 살아 있을 때보다 세상을 하직하고 나서 후대 사람들에게 어떻게 기억되느냐에 달려 있다. 두보의 시에 나오는 개관사정도 마찬가지다. 사람의 일은 관이 덮여지고 난 뒤 정해진다. 이것은 동서고금을 막론하고 이치가 같다.

따라서 50세를 전후해 인생의 하프라인을 돌아 서드 에이지에 진입하기 전에 다운시프트를 준비하면서 자기 자신하게 진솔하게 묻고 대답해야 한다. "나는 어떤 사람으로 기억되고 싶은가?" 그리고 더욱 진지한 마음의 울림으로 "나의 비문에는 어떤 말을 새겨 넣어야 하는가?"라고 물어봐야 한다. 비석은 세우지 않더라도 마음속에 비문은 미리 써서 간직하고 있어야 행복하고 의미 있는 후반부 인생을 살아갈 수 있기 때문이다.

6. 아직 내 인생
최고의 날은 오지 않았다

> "내가 아직 살아 있는 동안에는 나로 하여금
> 헛되이 살지 않게 하라." – 랠프 에머슨 –

　요즈음 인생 100세 시대에 왕성한 노익장을 자랑하는 분이 계시다. 바로 연세대 김형석 명예교수다. 몇 년 전 《백년을 살아보니》라는 책을 펴낸 우리나라 철학계의 대부다. 김형석 교수를 처음 알게 된 것은 청소년 시절 애독하던 그의 수필집 《영원과 사랑의 대화》를 통해서였다. 그 당시 내가 애독하던 수필집이 또 한 권 있었다. 고교 시절 교내 백일장 수필 부문에서 입선해 부상으로 받는 고 안병욱 교수의 《아름다운 창조》라는 책이다. 두 철학자는 동학同學으로서 평생을 절친으로 지냈다고 한다. 이 수필집들은 오랫동안 나의 책꽂이를 지켜온 소중한 책들이었다. 삶에 대한 폭넓은 사색과 깊은 통찰력을 아름다운 서정적 문체로 담아낸 이 수필집들은 사춘기 시절 방황하던 나에게 깊은 감동을 안겨준 마음의 등대였다.

그로부터 50년 가까운 세월이 흘러 100세에 가까운 고령에도 전국을 누비며 강연을 하고, 방송에 출연하며, 활발한 저술 활동을 하는 김형석 교수는 존경스럽고 경이롭기까지 하다. 얼마 전 한 강연에서 김형석 교수는 60세에서 75세까지가 인생에서 가장 아름답고 좋은 시절이었다고 회상했다. 이때가 되어서야 진정한 행복이 무엇인지도 알게 되었고 인간적으로나 학문적으로 가장 성숙할 수 있었다고 했다. 이 시기를 인생에서 병아리가 나오는 계란의 노른자에 비유하기도 했다. 김 교수는 나이듦과 성장의 의미에 대해 "정신적으로 성장하는 동안은 늙지 않고, 늙는 것은 더 이상 성장하지 않는 것"이라고 강조한다. 세월이 흘러가면서 피부에 주름이 늘어가는 것은 어쩔 수 없지만, 영혼에 주름이 지지 않으려면 정신적으로 성장해나가야 한다는 말이다.

한편 미국이나 캐나다 등 북미 지역을 여행할 때 고속도로 휴게소에 들르면 하얀 양복에 까만 나비넥타이를 매고 지팡이를 들고 있는 노신사를 쉽게 만날 수 있다. 동그란 안경에 염소 콧수염을 늘어뜨린 얼굴이 익살스럽고 친근하게 느껴진다. 바로 KFC 매장에 진열되어 있는 창업주 커널 샌더스Colonel Sanders의 마네킹이다. 샌더스가 세계 치킨 프랜차이즈의 역사를 다시 쓰게 된 것은 창업 당시의 불꽃 같은 투혼과 도전 정신 덕분이었다. 그러나 샌더스가 일구어낸 성공신화의 이면에는 창업 당시 수많은 역경 속에서도 포기하지 않고 수없이 다시 일어선 눈물겨운 감동의 스토리가 숨어 있다.

사업을 거듭 실패하고 파산한 샌더스에게 빚을 청산하고 남은 돈은 사회보조금으로 받은 105달러가 전부였다. 이때가 샌더스의 나이 65세. 모든 사람들이 끝장이라고 비웃었지만 샌더스는 이에 굴하지 않았다. 그는 불행을 불행으로 여기지 않고 낡은 포드 자동차에 자신이 개발한 치킨 양념과 압력솥을 싣고 가맹점 모집을 위해 미국 전역을 누비고 다닌다. 그러나 야속하게도 가는 곳마다 문전박대를 당한다. 드디어 1008번 실패 뒤 1009번 째 상점에서 성공의 팡파르를 울리게 되었다.[87] KFC 계약 1호 체인점이 탄생한 것이다. 그 이후 KFC는 눈부시게 성장을 거듭해 오늘날 전 세계에서 약 2만 개의 매장을 거느리는 세계 굴지의 치킨 프랜차이즈로 자리잡게 되었다.

샌더스의 인생 역전 드라마와 도전 정신은 돈이 없거나 나이가 들어서 더 이상 아무것도 할 수 없다고 생각하는 사람들에게 다시 일어설 수 있다는 불굴의 용기와 뜨거운 열정을 불어넣어준다. 샌더스는 "나에게 은퇴란 없습니다. 물론 정년퇴직이라는 말이 있긴 하지요. 하지만 그것이 인생의 끝을 의미하는 것은 아닙니다"라고 말하며 은퇴란 끝이 아니라 새로운 시작이라는 힘찬 긍정의 메시지를 전해준다.

1945년 제2차 세계대전이 끝난 후 일본 도쿄 맥아더사령부에는 한 편의 시가 걸려 있었다. 바로 태평양 전쟁의 영웅인 65세의 더글러스 맥아더Douglas MacArthur 장군이 애송하던 〈청춘Youth〉이라는 시다. 미국의 시인이며 사업가인 새뮤얼 울먼Samuel Ulman이 쓴 시다. "청춘은 인생의 나이가 아니라 마음의 나이다"로 시작하는 이 시는 "당신의 안테나가 생명의 메시지를 쉬지 않고 수신하는 동안 설사 여든의 나이일지라도 당신은 언제나 청춘이다"로 끝난다.

이 시는 맥아더가 가장 존경하는 두 인물의 초상화와 함께 그의 집무실 벽에 걸려 있었다고 한다. 존경하는 두 인물은 미국 초대 대통령 조지 워싱턴과 남북전쟁으로 노예를 해방시킨 에이브러햄 링컨이었다. 맥아더가 이 시를 얼마나 소중하게 애송했는지를 알 수 있는 대목이다. 미국 상하원 합동연설에서 맥아더는 "노병은 죽지 않는다. 다만 사라질 뿐이다"라는 명언을 남겼다. 이 말에도 그가 마음속에 영원히 간직한 청춘처럼 흔들리지 않는 군인정신이 진하게 묻어난다.

앞에서 예로 든 세 인물들이 각자 살아온 삶의 모습은 다르지만, 공교롭게도 그들 누구에게나 60세를 넘긴 나이가 주는 의미가 각별하다. 김형석 교수가 인생의 황금기가 시작된다고 한 나이, 샌더스가 사업에서 실패를 거듭하면서도 불굴의 도전 정신을 불사르기 시작한 나이, 맥아더가 청춘이라는 시를 자신의 집무실 벽에 걸어 놓고 애송하던 나이가 공통적으로 모두 이순耳順이 넘어서부터였다. 요즈음 이 나이 대는 인생 100세 시대에 보너스로 받은 서드 에이지의 한복판에 해당한다. 50세를 전후해 하프라인을 돌고 나서 후반부 제2의 인생 로드맵을 따라 꾸준히 성장해나가는 시기다.

그러나 50~60대에 들어서서도 여전히 낙타처럼 무거운 짐을 짊어지고 있거나 사자처럼 몸부림치며 힘겨운 서드 에이지를 살고 있는 사람들이 주변에 많다. 이 세상을 웃으며 긍정하고 춤추면서 살아가는 순진무구한 아이의 모습을 찾기 어렵다. 그 이유는 여러 가지가 있겠지만 대개 두 가지의 경우다. 하나는 돈의 본질과 속성을 제대로 파악하지 못하고 여전히 돈에 얽매여 있는 경우이며, 다른 하나는 50세 전후 서드 에이지에 진입하는 하프타임에 삶의 다운시프트를 제때 하지 못한 경우다.

하지만 준비가 부족한 경우라면 늦었다고 생각될 때가 가장 빠른 때다. 지금 나이가 몇 살이냐에 관계없이 당장 시작하면 늦을 것 없다. 지금까지 벌어놓은 돈이 적어서, 혹은 나이를 많이 먹어서 더 이상 아무것도 할 수 없다고 생각하고 있다면 위 세 인물들의 삶으로부터 배워야 한다. 인생에는 여전히 끝없는 도전을 통해 성장과 자기실현의 기회가 존재하고 있다는 교훈을 상기해야 한다. 사람에게 나이란 숫자에 불과하고 나이를 먹는 것만으로는 늙지 않는다. 오히려 희망과 꿈 그리고 이상을 잃어버렸을 때 빨리 노쇠한다.

앞의 세 인물의 예에서처럼 인생의 의미와 가치는 전반부가 아니라 후반부에서 재창조된다. 따라서 인생 100세 시대에 하프라인을 돌아 서드 에이지로 시작하는 인생의 후반부를 더 역동적이고 생명력 넘치게 살아가야 한다. 왜냐하면 영국 빅토리아 시대의 대표 시인 로버트 브라우닝Robert Browning의 아래 시에서처럼 내 인생 최고의 날은 아직 오지 않았으니까.[88]

나와 함께 들어가자!
가장 좋은 때는 아직 오지 않았다.
인생의 후반, 그것을 위해 인생의 전반이 존재하나니.

에필로그

　학창 시절 고등학교 때 제2외국어로 독일어를 배우기 시작했다. 처음에는 문법 구조가 영어보다 훨씬 복잡해 배우기 쉽지 않았다. 정관사와 부정관사만을 익히는 데도 무척 애를 먹었던 기억이 난다. 그러나 얼마 후부터는 독일어로 된 간단한 문학 작품도 감상하게 될 정도가 되었다. 그러던 어느 날 질풍노도疾風怒濤 운동 이후에 활동한 독일의 낭만파 시인 카를 부세Karl Busse의 작품을 접하게 되었다. 부세는 19세기말부터 20세기 초에 걸쳐 비록 46세의 짧은 생애를 살았지만, 주옥같이 아름다운 서정시를 많이 남겼다. 그중에서 〈산 너머 저쪽〉이라는 짤막하지만 잔잔한 감동을 주는 다음 시한 편을 감상해보자.[89]

　산 너머
　저쪽 먼 곳에

행복이 있다고 사람들은 말하네.

아, 나는 남들의 말을 듣고 갔다가

눈물만 머금고

돌아왔다네.

산 너머

저쪽 멀고 먼 곳에

행복이 있다고 사람들은 말하네.

에필로그를 쓰면서 위 시를 인용하는 이유는 시 속에 담긴 행복이라는 시어詩語가 이 책에서 결론적으로 독자들에게 전달하고 싶은 행복의 의미를 함축적으로 잘 표현해주고 있기 때문이다. 행복은 산 너머에 멀리 있는 것이 아니다. 바로 자신이 존재하고 있는 이 시간에, 지금 머물고 있는 이 자리에 행복이 있다. 행복은 자신의 마음의 창으로 느끼는 주관적 안녕감이다. 행복은 자신의 내면세계에 있는 마음의 탐지기로 느끼고 자신에 의해서만 평가되는 철저한 내적인 자기 경험이다. 세상 사람들이 산 너머 저쪽에 행복이 있다 말할지라도, 나의 진정한 행복은 내가 숨 쉬고 있는 지금 이 시간, 내가 서 있는 이 자리에서 나와 함께 웃고 있다.

돈은 행복해지기 위한 필요조건이기는 하나 충분조건은 아니다. 삶을 고통없이 받아들일 수 있을 정도의 돈은 필요하지만 돈이 있다고 해서 반드시 행복해지는 것은 아니라는 말이다. 설사 로또에 당첨된다 하더라도 쉽게 적응해버리고 일상으로 돌아가고 나면 당첨되었을 때의 희열은 수증기처럼 곧 증발해버린다. 연구 결과에 따르면 돈과 행복의 상관관계는 매우 약하다. 눈을 돌려 주위에 있는 행복을 찾으려면 열 손가락도 모자란다. 그러나 그 손가락으로 돈만 세고 있으면 불행해지기 십상이다. 마음의 창, 즉 프레임만 바꾸면 너무 힘들어서 살고 싶지 않았던 오늘도 어제 죽어간 사람들이 간절히 원했던 내일로 바뀐다. 아직 보이지 않는 행복을 찾기 위해 삶의 변속기어를 1단으로 다운시프트하면 새로운 인생의 지도가 비로소 눈앞에 또렷하게 펼쳐질 것이다. 산 너머 저쪽이 아니라 자신의 주위에 있는 작은 행복들을 자주 느끼며 살아가다 보면 보람찬 날들이 훨씬 많이 찾아온다. 행복은 강도가 아니라 빈도이기 때문이다.

모리스 마테를링크Maurice Maeterlinck의 동화《파랑새》를 보면 어느 크리스마스이브에 요술쟁이 할머니가 가난한 나무꾼의 아이들에게 아픈 딸을 위해 파랑새를 찾아달라고 부탁한다. 파랑새를 찾아 길을 나선 아이들은 먼저 추억의 나라에 갔다. 거기에서 파랑새를 잡았으나 그 나라를 벗어나자마자 새까맣게 변해버렸다. 포기하지 않고 밤의 궁전에 가서 파랑새를 얻었으나 모두 죽어버렸다.

행복의 궁전을 거쳐 미래의 나라에 가보았으나 그 어느 곳에도 파랑새는 없었다. 파랑새를 찾아 헤매던 나무꾼의 아이들은 지칠 대로 지쳐 빈손으로 집으로 돌아왔다. 결국 다음 날 아침 꿈에서 깨어난 아이들은 새장 속에 있던 산비둘기가 파랑새로 변해 있는 것을 발견한다.[90]

《파랑새》는 동화 속의 단순한 이야기 같지만 깊은 철학적 통찰을 내포하고 있다. 카를 부세의 시 〈산 너머 저쪽〉에서처럼 행복은 멀리 있는 것이 아니라 바로 가까운 곳에 있다는 동일한 메시지를 담아내고 있다. 추억의 나라에도, 밤의 궁전에도, 행복의 궁전에도, 미래의 나라에도 그 어느 곳에서도 잡을 수 없었던 파랑새를 긴 여정을 헤매다 돌아온 집에서 찾을 수 있었기 때문이다.

인생 100세 시대에 서드 에이지를 살아갈 독자들은 지금 어디에서 자신의 파랑새를 찾고 있는가? 니체는 가장 이상적인 인간형은 순진무구하게 노는 어린아이의 모습과 같다고 했다. 따라서 이 책에서 '행복이 돈에 물은 진리'에 대한 대답을 동화 속에서 찾을 수 있다. 파랑새가 하늘로 날아가버리자 울고 있는 요술쟁이 할머니의 딸을 나무꾼의 아이들이 위로하는 말로써 이 책을 마치려고 한다.

"행복을 위해 필요한 파랑새는 멀리 있지 않다."

프롤로그

1) 데이비드 크루거, 존 데이비드 만, 한수영 옮김, 《돈이란 무엇인가》, 시아, 2009, p4.

2) Platon, *"Epinomis"*, in an appendix to Laws.

3) 고현, 《법정 스님이 두고 간 이야기》, 수오서재, 2016.

제1장

4) 최용옥, 〈급속한 기대수명 증가의 함의〉, KDI, 2016

5) 윌리엄 새들러, 김경숙 옮김, 《서드 에이지, 마흔 이후 30년》, 사이, 2006. 인생 100세 시대를 감안해 재구성했다.

6) 찰스 핸디, 강혜정 옮김, 《찰스 핸디의 포트폴리오 인생》, 에이지21, 2008, pp149-150.

7) Frost R., *"The Road Not Taken"*, 1916.

8) 대니얼 레빈슨, 김애순 옮김, 《남자가 겪는 인생의 사계절》, 이화여대출판부, 1996. p78-113.

9) Mishkin F., *"The Economics of Money, Banking, and Financial Markets"*, 2016.

제2장

10) 유발 하라리, 조현욱 옮김, 《사피엔스》, 김영사, 2001, p259. 기원전 3000년 전 수메르에서 쓰인 보리화폐가 인류 최초의 돈이라고 한다.

11) "Denarius Juno Moneta", http://www.coinbooks.org/esylum/

12) 《한국경제신문》 기사, 2013. 1. 7.

13) 조순·정운찬, 《경제학원론》, 법문사, 2010.

14) Wagner D. (2002), "Integral Finance: A Framework for a 21st Century Profession", *Journal of Financial Planning* 15(7), p62–71.

15) Jetton, E. (2009), "Moving from Financial Planning to Financial Life Planning, Trend and Issues", TIAA-CREF institute.

16) 후에이홍, 이은미 옮김, 《왼손에는 명상록, 오른손에는 도덕경을 들어라》, 라이온북스, 2010.

17) 노자, 박일봉 편저, 《도덕경》, 육문사, 2011, p39.

18) 루신화, 이유진 옮김, 《부의 본심》, 중앙M&B, 2012, p25.

19) 두보(杜甫), 〈영회(詠懷)〉. 원문은 "朱門酒肉臭 路有凍死骨"이다.

제3장

20) 이를 경제학적 용어로 통화승수(monetary multiplier)라고 하며, 그 크기는 각국의 경제구조에 따라 상이하다.

21) 이즈미 마사토, 정현주 옮김, 《돈이란 무엇인가》, 오리진하우스, 2016, p19.

22) 은퇴 후 연금소득을 은퇴 전의 소득으로 나눈 값을 연금의 소득대체율(income replacement ratio)이라고 하는데 이 경우 소득대체율은 70퍼센트다.

23) Richardson, R., "When it comes to the future, there are three kinds of people: those who let it happen, those who make it happen, and those who wonder what happened."

24) 혼다 켄, 홍찬선 옮김, 《돈의 IQ·EQ》, 더난, 2004.

25) 법정, 《무소유》, 범우사, 1999.

26) "부산가정법원, 2014드단11389 이혼등(2015. 3. 4.)" 사건의 판결문을 재구성했다.

27) Gallen, R. (2002), *"The money trap: A practical program to stop self-defeating financial habits so you can reclaim your grip on life"* New York, NY: Harper Collins Publishers, Inc.

28) "Financial therapy is a process informed by both therapeutic and financial competencies that helps people think, feel, and behave differently with money to improve overall well-being through evidence-based practices and interventions."
https://www.financialtherapyassociation.org

29) Klontz B. et al, "Disordered money behaviors: Development of the Klontz Money Behavior Inventory", *Journal of Financial Therapy*, Vol. 3.

30) 두에인 슐츠, 이혜성 옮김, 《성장심리학》, 이화여대 출판부, 2007.

31) Simmel, G. (1896), "Das Geld in der modern Cultur". 이와 관련된 내용은 강신주, 《상처받지 않을 권리》, 프로네시스, 2009, 제1장 참조.

32) 기시미 이치로·고가 후미타케, 전경아 옮김, 《미움받을 용기》, 인플루엔셜, 2014, p36

제4장

33) Blanchflower, D. & Oswald A. (2008), "Is Well-being U-shaped over the Life Cycle?", *Social Science & Medicine*.

34) 《동아일보》 기사, "英학자 행복-나이 관계 분석", 2008. 1. 30.

35) 현대경제연구원, 〈VIP 리포트〉, 통권 717호, 2018.1.8

36) 예를 들어 *"The Life and Adventures of Martin Chuzzlewit"*, *"Little Dorrit"* 같은 소설.

37) 메모장 원본은 독일어로 쓰인 것을 영어로 번역했다.

https://www.washingtonpost.com/news/worldviews/wp, 2017.10.24

38) 밥 버포드, 이창신 옮김,《하프타임》국제제자훈련원, 2009. pp70-71.

39) Lieberman, M.(2013), "Social: Why our brains are wired to connect", New York, NY: Crown.

40) What makes a good life? Lessons from the longest study on happiness. by Robert Waldinger at TEDxBeaconStreet, 2015.

41) 《문화일보》기사, "해외인물로 본 This Week",(2005. 7. 2.)

제5장

42) Hamilton, C. and Mail, E., "Downshifting in Australia; A sea-change in the pursuit of happiness", *Discussion Paper* No. 50, The Australia Institute, 2003.

43) 마크 프리드먼, 한주형 외 옮김,《빅 시프트》, 한울, 2015.

44) Gratton, L. and Scott, A., "*The 100-Year Life; Living and working in age of longevity*", Bloomburry Business, 2017. 일본에서는《Life Shift; 100年 時代 人生戰略》으로 번역되었다.

45) 최인철,《프레임》, 21세기북스, 2007. p23.

46) 에리히 프롬, 김진홍 옮김,《소유냐 삶이냐》, 홍성사, 1978.

47) 프롬은 자신의 저서에 이를 불어로 "hic et nune"라고 표기했다. 영어식 표현은 "here and now". 프롬의 같은 책, p160.

48) 그리스 철학자 헤라클레이토스(Hērakleitos)의 경구.

49) 법정, 류시화 엮음,《산에는 꽃이 피네》, 동쪽나라, 2001. pp75-76.

50) 이부영,《자기와 자기실현》, 한길사, 2002. p31.

51) 분석심리학에는 자아실현이라는 용어가 사용되지 않는다. 의식은 발달, 성장, 분화될 수 있지만 실현될 수는 없기 때문이다. 한편 매슬로(Abraham Marslow)의 인본주의 심리학에서는 자아실현(self-actualization) 욕구는 하위 욕구가 단계적으로 채워진 다음에 최종적으로 충족된다고 본다.

52) 박찬국,《초인수업》, 21세기북스, 2014. p70.

53) 선안남,《자존감, 어떻게 회복할 것인가》, 소울메이트, 2018.

54) 윌리엄 워즈워스의 시〈수선화〉, 1807.

55) 한국교육심리학회,《교육심리학 용어사전》, 학지사, 2000.

56) 최인철(2007), 같은 책, p79

57) 기시미 이치로·고가 후미타케(2014), 같은 책, 260쪽.

제6장

58) 출처: http://www.therenaissancepodcast.com/episode-22-raphael-the-school-of-athens/

59) 레프 톨스토이, 박형규 옮김,《톨스토이 단편선》, 인디북, 2003, pp269-303.

60) 에드 디너·로버트 비스워스 디너, 오혜경 옮김,《모나리자 미소의 법칙》, 21세기북스, 2009.

61) Diener, E. (1984), "Subjective well-being", *Psychological Bulletin*, 95, pp542-575.

62) 최근의 연구는 주관적 안녕감이 건강이나 장수에 영향을 주는 것으로 분석되었다. Diener E. et al. (2017), "If, Why, and When Subjective Well-Being Influences Health, and Future Needed Research" *Applied Psychology: Health and Well-Being*, 9(2), pp133-167.

63) Easterin, R. (1974), 'Does Economic Growth Improve the Human Lot? Some Empirical Evidence', *"Nations and Households in Economic Growth: Essays in Honor of Moses Abramovitz"*, New York: Academic Press, Inc.

64) 여기서 소득은 1인당 GDP, 행복도는 삶의 만족도(Life Satisfaction)를 의미한다.

65) Kahneman, D. and Deaton A. (2010), *"High income improves evaluation of life but not emotional well-being"*, Center for Health and Well-being, Princeton University.

66) 서은국,《행복의 기원》, 21세기북스, 2014, p115.

67) Brickman P. et al. (1978), "Lottery Winners and Accident Victims: Is Happiness Relative?", *Journal of Personality and Social Psychology*, pp917-927.

68) 40년간 연 2퍼센트의 인플레이션과 달러당 1,100원의 환율로 계산된 값이다.

69) Brickman, P. et al.(1978), 같은 논문.

70) 쾌락의 쳇바퀴(hedonic treadmill)라고 함. Brickman, P. and Campbell, T. (1971), *"Hedonic relativism and planning the good society"*, New York: Academic Press. pp287–302.

71) Diener, E., Sandvik, E. and Pavot, W. (1991), 'Happiness Is the Frequency, Not the Intensity, of Positive versus Negative Affect', *"Subjective Well-Being: An Interdisciplinary Perspective, Pergamon"*, New York, 119-139. 서은국(2014)에서 재인용.

72) 도스토옙스키, 김근식 옮김,《백치》, 열린책들, 2009.

73) https://news.stanford.edu/2005/06/14/jobs-061505, 2005. 6. 12, 스티브 잡스의 졸업축사에서 발췌 번역.

제7장

74) 토드 부크홀츠, 류현 옮김,《죽은 경제학자의 살아있는 아이디어》, 김영사, 1994.

75) 캐스 선스타인·리처드 탈러, 안진환 옮김,《넛지》, 리더스북, 2009. 넛지란 사전적 의미

로 '옆구리를 팔꿈치로 슬쩍 찌르다'는 뜻이다.

76) 토마 피케티, 장경덕 외 옮김, 《21세기 자본》, 글항아리 2014.

77) 하랄드 빌렌브록, 배인섭 옮김, 《행복경제학(Das Dagobert-Dilemma)》, 2006, p265.

78) Markowitz H.(1952), "Portfolio Selection", The Journal of Finance, Vol. 7.1, pp77-91.

79) 키에런 파커, 신우철 옮김, 《세계 최고의 경영사상가 50인》, 시그마북스, 2009.

80) 찰스 핸디, 이종인 옮김, 《코끼리와 벼룩》, 생각의나무, 2001.

81) 찰스 핸디(2008), 같은 책, p171.

82) Dunbar R.(1998), "The social brain hypothesis, Evolutionary Anthropology", 6, pp178-190.

83) Elizabeth W. Dunn, Lara B. Aknin, Michael I. Norton(2008), "Spending Money on Others Promotes Happiness", Science, 319, pp1687-1688.

84) 두보(杜甫), "군불견 간소혜(君不見 簡蘇傒)"

85) 피터 드러커, 현영하 옮김, 《비영리단체의 경영》, 한국경제신문, 2003, pp366-367.

86) https://www.poetsgraves.co.uk/eliot.htm

87) 최은영, 《1009번째의 성공》, 넥서스BIZ, 2010.

88) Browning, R., "The best is yet to be, The last of life, for which the first was made.", in Rabbi Ben Ezra, 1864.

에필로그

89) 원제는 "Über den Bergen"이다.

90) 마테를링크, 최문애 엮음, 《파랑새》, 아이세움, 2006.